*Die Welt erleben*

# HAMBURG

In Hamburg wohnt die Nacht
in allen Hafenschänken
und trägt die Röcke leicht,
sie kuppelt, spukt und schleicht,
wenn es auf schmalen Bänken
sich liebt und lacht.

*Wolfgang Borchert, In Hamburg*

BLOHM+VOSS DOCK ELBE 17
BLOCKBRÄU
BRÜCKE 3
KASSE
BLOCKBRÄU

Die Welt erleben

# HAMBURG

Tor zur Welt

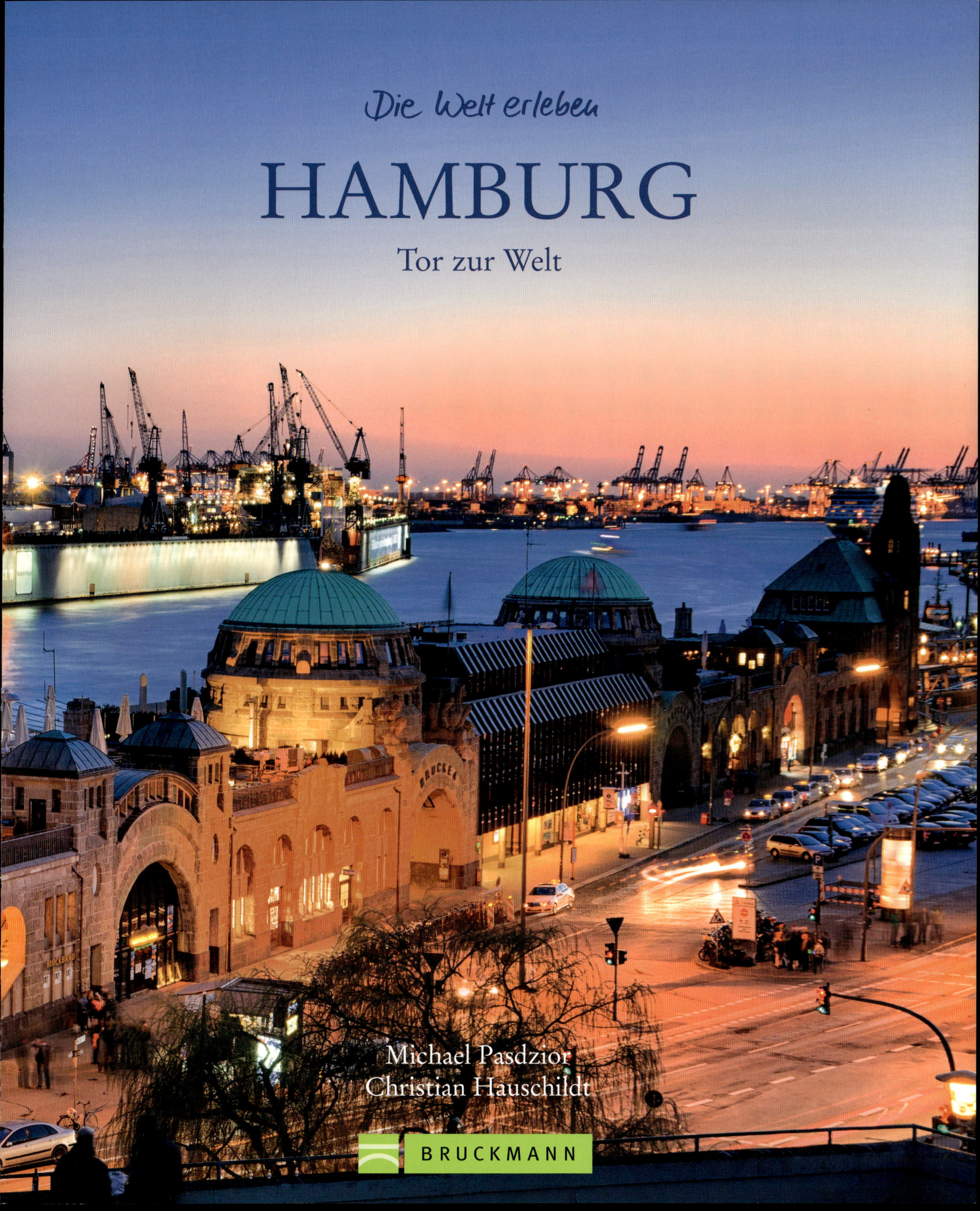

Michael Pasdzior
Christian Hauschildt

BRUCKMANN

# Willkommen in Hamburg

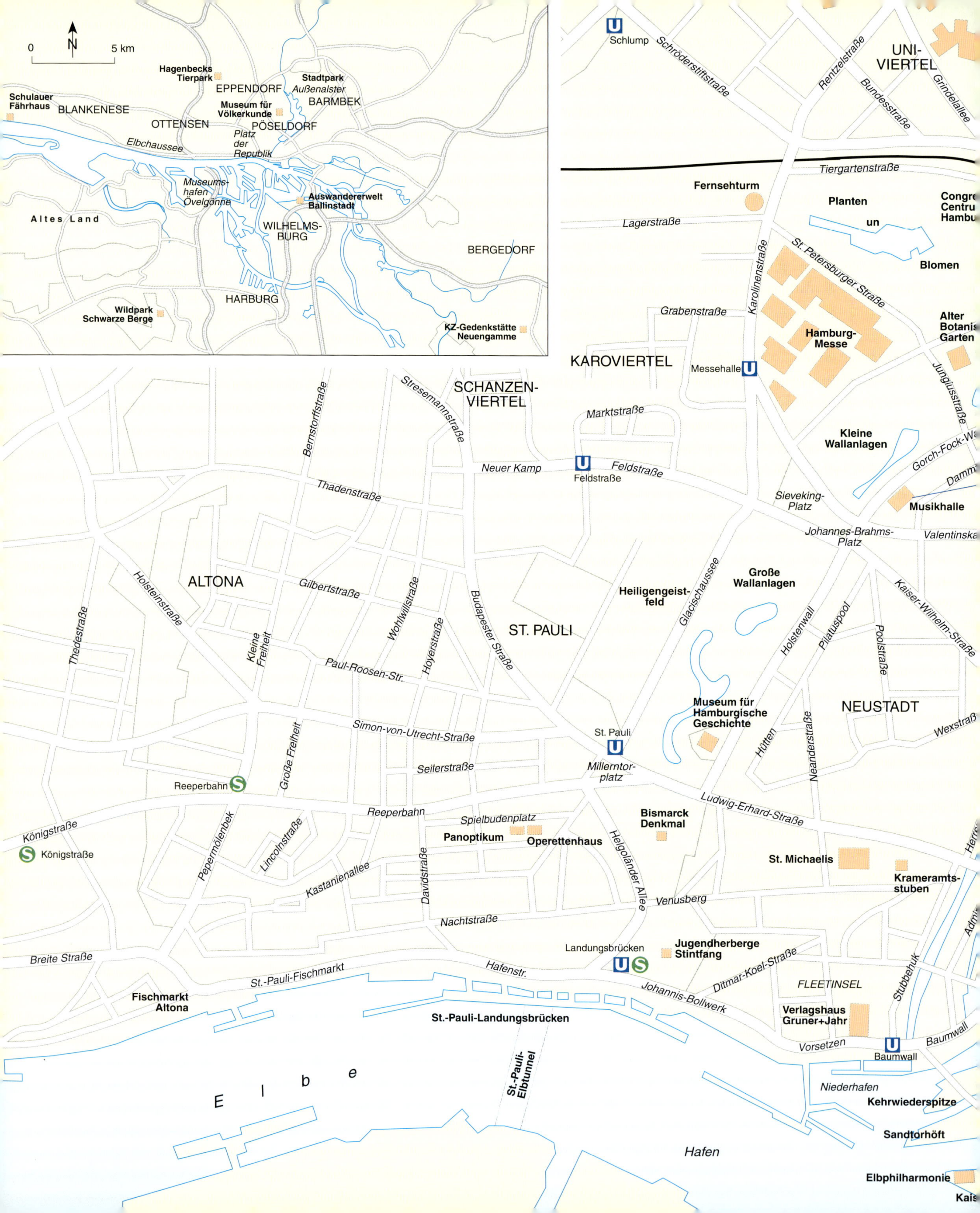

0
N
5 km
Hagenbecks Tierpark
EPPENDORF
Stadtpark
Außenalster
BARMBEK
Schulauer Fährhaus
BLANKENESE
Museum für Völkerkunde
OTTENSEN
PÖSELDORF
Platz der Republik
Elbchaussee
Museumshafen Övelgönne
Auswandererwelt Ballinstadt
Altes Land
WILHELMSBURG
BERGEDORF
HARBURG
Wildpark Schwarze Berge
KZ-Gedenkstätte Neuengamme
Schlump
Schröderstiftstraße
Rentzelstraße
UNI-VIERTEL
Bundesstraße
Grindelallee
Tiergartenstraße
Fernsehturm
Planten un Blomen
Congre Centru Hambu
Lagerstraße
St. Petersburger Straße
Karolinenstraße
Grabenstraße
Hamburg-Messe
Alter Botanis Garten
KAROVIERTEL
Messehalle
Jungiusstraße
SCHANZENVIERTEL
Stresemannstraße
Bernstorffstraße
Marktstraße
Kleine Wallanlagen
Gorch-Fock-Wa
Neuer Kamp
Feldstraße
Damm
Thadenstraße
Sieveking-Platz
Musikhalle
Johannes-Brahms-Platz
Valentinska
ALTONA
Holsteinstraße
Gilbertstraße
Wohlwillstraße
Budapester Straße
Heiligengeistfeld
Glacischaussee
Große Wallanlagen
Kaiser-Wilhelm-Straße
ST. PAULI
Thedestraße
Kleine Freiheit
Hoyerstraße
Paul-Roosen-Str.
Holstenwall
Platuspool
Poolstraße
NEUSTADT
Museum für Hamburgische Geschichte
Große Freiheit
Simon-von-Utrecht-Straße
St. Pauli
Hütten
Neanderstraße
Wexstraß
Seilerstraße
Millerntor-platz
Reeperbahn
Ludwig-Erhard-Straße
Königstraße
Pepermölenbek
Lincolnstraße
Spielbudenplatz
Bismarck Denkmal
Panoptikum
Operettenhaus
Helgoländer Allee
St. Michaelis
Krameramts-stuben
Davidstraße
Kastanienallee
Venusberg
Nachtstraße
Breite Straße
Landungsbrücken
Jugendherberge Stintfang
St.-Pauli-Fischmarkt
Hafenstr.
Ditmar-Koel-Straße
FLEETINSEL
Stubbenhuk
Fischmarkt Altona
Johannis-Bollwerk
St.-Pauli-Landungsbrücken
Verlagshaus Gruner+Jahr
Vorsetzen
Baumwall
St.-Pauli-Elbtunnel
Niederhafen
Kehrwiederspitze
Elbe
Sandtorhöft
Hafen
Elbphilharmonie

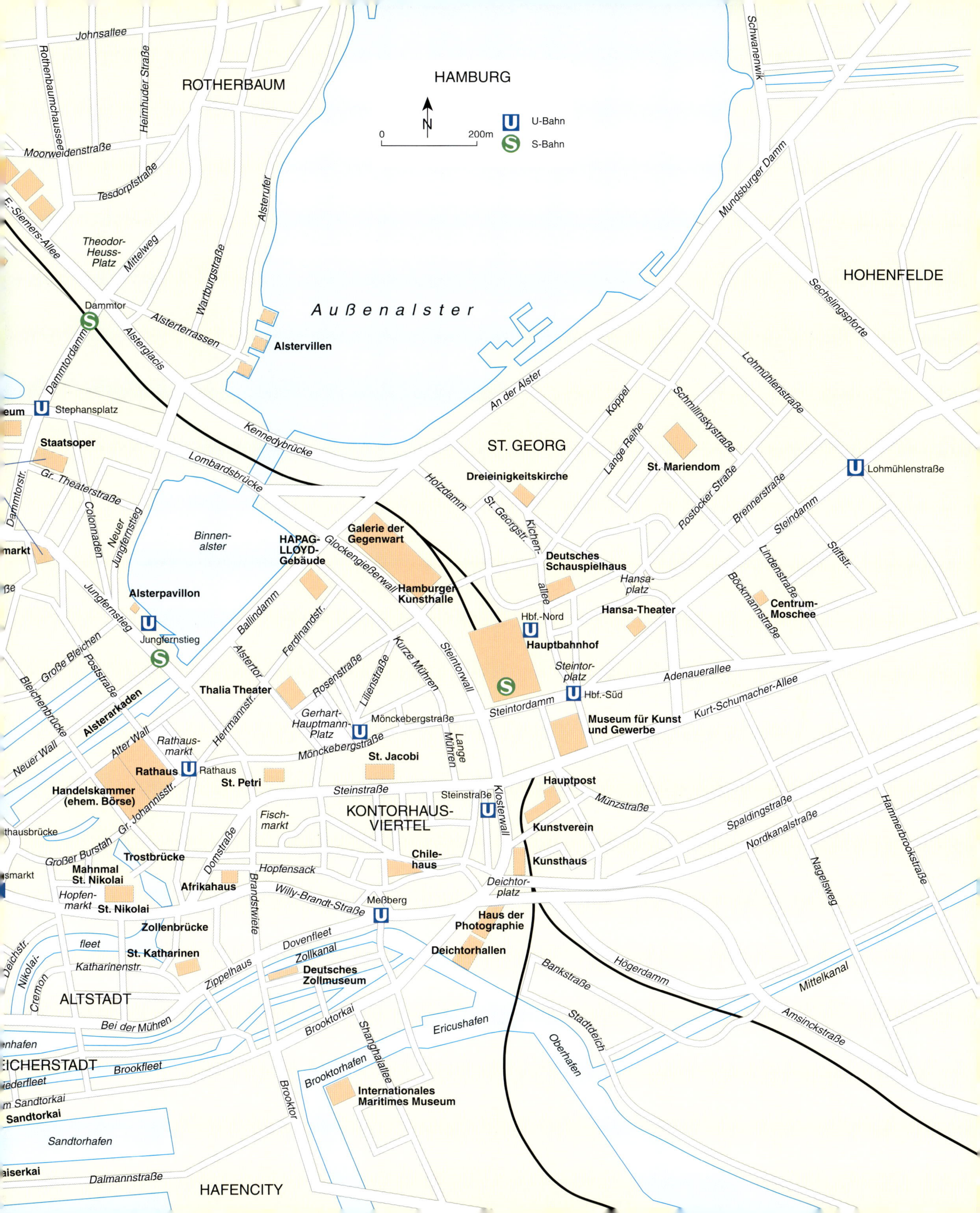
HAMBURG
U U-Bahn
S S-Bahn
0
200m
N
ROTHERBAUM
HOHENFELDE
ST. GEORG
KONTORHAUS-VIERTEL
ALTSTADT
HAFENCITY
Außenalster
Binnenalster
Johnsallee
Rothenbaumchaussee
Heimhuder Straße
Moorweidenstraße
Tesdorpfstraße
Theodor-Heuss-Platz
Mittelweg
Alsterufer
Wartburgstraße
E.-Siemens-Allee
Dammtor
Alsterterrassen
Alsterglacis
Alstervillen
Dammtordamm
Stephansplatz
Staatsoper
Kennedybrücke
Lombardsbrücke
Gr. Theaterstraße
Colonnaden
Neuer Jungfernstieg
Dammtorstr.
Jungfernstieg
Alsterpavillon
Ballindamm
HAPAG-LLOYD-Gebäude
Galerie der Gegenwart
Glockengießerwall
Hamburger Kunsthalle
An der Alster
Holzdamm
St. Georgstr.
Kirchenallee
Dreieinigkeitskirche
Koppel
Lange Reihe
St. Mariendom
Schmilinskystraße
Lohmühlenstraße
Sechslingspforte
Mundsburger Damm
Schwanenwik
Lohmühlenstraße
Postocker Straße
Brennerstraße
Steindamm
Stiftstr.
Lindenstraße
Böckmannstraße
Centrum-Moschee
Deutsches Schauspielhaus
Hansaplatz
Hansa-Theater
Hbf.-Nord
Hauptbahnhof
Steintorplatz
Hbf.-Süd
Adenauerallee
Kurt-Schumacher-Allee
Museum für Kunst und Gewerbe
Steintorwall
Steintordamm
Kurze Mühren
Lange Mühren
Lilienstraße
Rosenstraße
Ferdinandstr.
Alstertor
Thalia Theater
Hermannstr.
Gerhart-Hauptmann-Platz
Mönckebergstraße
St. Jacobi
Große Bleichen
Poststraße
Bleichenbrücke
Alsterarkaden
Neuer Wall
Alter Wall
Rathausmarkt
Rathaus
Handelskammer (ehem. Börse)
Gr. Johannisstr.
St. Petri
Steinstraße
Fischmarkt
Klosterwall
Hauptpost
Münzstraße
Kunstverein
Spaldingstraße
Nordkanalstraße
Hammerbrookstraße
Nagelsweg
Chilehaus
Kunsthaus
Deichtorplatz
Domstraße
Hopfensack
Großer Burstah
Trostbrücke
Mahnmal St. Nikolai
Afrikahaus
Hopfenmarkt
St. Nikolai
Brandstwiete
Willy-Brandt-Straße
Meßberg
Haus der Photographie
Deichtorhallen
Zollenbrücke
St. Katharinen
Katharinenstr.
Dovenfleet
Zollkanal
Deutsches Zollmuseum
Zippelhaus
Bankstraße
Högerdamm
Mittelkanal
Amsinckstraße
Stadtdeich
Oberhafen
Ericushafen
Brooktorkai
Shanghaiallee
Brooktorhafen
Brooktor
Internationales Maritimes Museum
Cremon
Bei der Mühren
Brookfleet
Sandtorkai
Sandtorhafen
Dalmannstraße

GROSSE HAFENRUNDFAHRT

# Das Tor zur Welt erleben

Es gibt wohl niemanden, der den Namen Hamburg nicht automatisch mit dem Zusatz »Das Tor zur Welt« verbindet. Beides gehört zusammen wie Ebbe und Flut, Hamburg und St. Pauli, dem berühmtesten Stadtteil, der überall auf der Welt für Hamburg steht. Und erst dann kommt der vollständige Name der zweitgrößten Stadt Deutschlands ins Bewusstsein: Freie und Hansestadt Hamburg. Das »Tor zur Welt« – es ist weiter denn je geöffnet.

*Der Hafen schläft nie! Millionen von Containern kommen aus aller Welt. Immer größere Containerriesen kann man mitten in der Stadt bestaunen.*

# Es riecht nach Aufbruch ...

»Das Tor zur Welt« – heute klingt dieses Attribut fast altmodisch, stammt es doch aus der Zeit, als die Welt zu bereisen und Frachten zu befördern lange und oft beschwerliche Reisen auf dem alleinigen Verkehrsmittel Schiff bedeutete. Es waren Auswanderer, Kaufleute und Welteroberer, die sie unternahmen, mehr oder weniger Abenteurer. Es klingt nach Fernweh und Entdeckungslust, aber auch nach großem Glück, reicher Beute, bangem Warten.

Nichts als ein Mythos? Nicht ganz, auch heute noch schmeckt die Hafenluft salzig, schreien die Möwen, riecht es im Hafen nach allen Kontinenten. Beim Blick auf die Elbe denken die wenigsten an die Warenströme und Containerterminals dort draußen, doch sie werden es erleben. Durch dieses Tor kommt die Welt portionsweise die Elbe herauf und hinunter: Seit mehr als 800 Jahren, mitten in die Stadt, fremde Güter, neue Ideen, exotische Menschen. Groß ist die Stadt dabei geworden, wohlhabend, bedeutend, weltoffen, tolerant. Stolz und frei war sie schon immer. Heute leben hier 1,7 Millionen Menschen, ein Siebtel davon Ausländer. Das Fremde ist alltäglich, Neues entdecken kann man hier jeden Tag. Mit fast 100 Konsulaten ist die Elbmetropole weltweit Spitzenreiter. »Wenn du von Süden kommst, ist Hamburg direkt vor Grönland. Wenn du von Norden kommst, liegt Hamburg direkt in Afrika«, heißt es in einem lokalen Hit. Die Lage auf 10 Grad östlicher Länge und 54 Grad nördlicher Breite bedeutete lange, Europa vom Rand aus zuzusehen. Heute ist die Stadt mittendrin im gewachsenen Europa. Und der Osten? Für China ist Hamburg die Drehscheibe in Europa, in China gehören Hamburger zu den Pionieren des Handels. Und für alle Länder dazwischen ist das Tor zur Welt auch breit genug.
Mit Prädikaten und Superlativen aller Art könnte Hamburg ebenfalls handeln: Zu den hart erarbeiteten kommen klug geplante und von der Natur gegebene. Die Stadt wächst, schafft Wohlstand, Lebensqualität und natürlich auch Arbeitsplätze. Neben natürlicher Schönheit prägen sie Lebendigkeit und kulturelle Vielfalt. Aber damit protzen, was für drei Städte reichen würde? Das wäre provinziell! Doch allmählich gerät auch das hanseatische Understatement an seine Grenzen, denn die Stadt vibriert, brummt und glaubt an ihre neue Größe. Verglichen mit anderen Städten ihrer Liga genügt Hamburg ein schlichter Trick, um einzigartig zu sein: Die Stadt hat alle Vorteile einer Metropole, ohne dabei unübersichtlich zu sein. Und gewinnt durch das, was fehlt – Hamburg ist klein genug, um wieder groß zu sein.
Dieses Paradox macht wesentlich den Charme der Stadt aus, dem immer mehr Besucher erliegen: Die Nummer eins der Magic Citys im deutschen Städtetourismu ist eine faszinierende Stadt, die zum Sprung in die Zukunft ansetzt und sich dabei ihrer Wurzeln besinnt: Zurück ans Wasser, dort entsteht die neue Stadt. Veränderungen kommen so verlässlich wie die Flut. Vergangenheit und Zukunft reiben sich spürbar auf engstem Raum. Überall riecht es nach Aufbruch, die Segel sind gesetzt. Die Zukunft wird spannend, wenngleich auch die Geschichte bis heute alles andere als langweilig gewesen ist.

## Zwischen Elbe, Alster und Bille

Drei große W zeichnen die Hansestadt seit ihren Anfängen aus: Ihre Weltoffenheit zieht Menschen und Ideen an. Die Wirtschaft setzt mit kaufmännischem Kal-

1 *Roter Klinker ist Hamburgs Baustein. Früher dekorierte die Stadt sogar die Fassade des Finanzamtes.* – 2 *Fischbrötchen gibt es am Hafen rund um die Uhr. Sonntags morgens schmecken sie am besten!*

2

1

2

kül die Ideen in die Tat um. Und das Wasser verschafft der Stadt Arbeit und verleiht ihr ein einzigartiges Flair. All das gab es schon immer, aber die aktuelle Renaissance verspricht große Dinge in der wachsenden Stadt.

Die Landschaft von Hamburg und Umgebung erhielt ihre endgültige Prägung durch die Eiszeiten, deren jüngste auf 12 000 vor Christi datiert wird. Damals schoben sich die Endmoränen auf, über die man bei Blankenese und auf der anderen Stromseite in den Harburger Bergen so herrlich spazieren gehen kann. Elbe, Alster und Bille, die drei Flüsse, die bis heute Hamburgs Topografie bestimmen, suchten sich am Ende der letzten Eiszeit ihr Bett. Es bildeten sich der schwere Marsch- und der leichte Geestboden.

Um 800, zur Zeit Karls des Großen, trafen an der Elbe Franken und Sachsen aufeinander. Im Jahr 831 ernannte man hier den Mönch Ansgar zum Erzbischof. Sein Sitz war die Hammaburg, eine karolingische Festung südlich der heutigen St.-Petri-Kirche. Seit den Ausgrabungen in den 1960er-Jahren sind nördlich dieser Burg der Bischofsturm (Speersort 10) und das Fundament des bischöflichen Steinernen Hauses (11. Jh.) zu besichtigen.

Von der Hammaburg, der Urzelle Hamburgs, leitet sich der Stadtname ab. »Ham« bedeutete damals flaches, sumpfiges Land und bezeichnete ein Gebiet zwischen Flussarmen, das wie ein Schwamm Wasser aufsaugte. Die Festung beherrschte den Handelsweg, der aus den Gebieten südlich der Elbe über die Alster hinweg bis nach Jütland führte.

## Von der Hammaburg zur Fernhandelsstadt

Wie schnell die Handelsniederlassung an der Einmündung von Alster und Bille in die Elbe wuchs, kann man sich am besten auf der alten Trostbrücke am Nikolaifleet vergegenwärtigen. Die Brücke stellte etwa ab 1200 die Verbindung zwischen der bischöflichen Altstadt und der neuen Kaufmannsstadt her, die der Schauenburger Graf Adolf III. 1188 rund um die St.-Nikolai-Kirche gegründet hat. Er war es auch, der von Kaiser Friedrich I. Barbarossa im Jahr 1189 einen Freibrief erhielt, der Hamburg die Nutzung der Handelswege sowie Zoll- und Abgabenfreiheit auf der Elbe garantierte. Jedes Jahr feiern die Hamburger mit dem Hafengeburtstag dieses Ereignis, obwohl man schon genauso lange die Echtheit des Dokuments anzweifelt.

Schon früh zeigte sich die Besonderheit des Zusammenflusses zweier so unterschiedlich großer Flüsse, wie Elbe und Alster es sind. Er macht nicht nur den unvergleichlichen Reiz des heutigen Hamburgs aus, der Ort war auch als natürlicher Umladeplatz ideal. Wenige Städte liegen zugleich an einem Fluss und an einem für Seeschiffe befahrbaren Strom. Die Flutbewegungen sind in der Stadt spürbar, und man könnte aus einem Vorort mit dem Kajak nach Island starten. Der Kampf zwischen kirchlicher und weltlicher Macht – zwischen Alt- und Neustadt – dauerte bis ins 13. Jahrhundert. Der Neue Markt, heute Hopfenmarkt, und der alte Fischmarkt waren die Orte innerstädtischen Handelns. Der neue Hafen am Nikolaifleet löste den ältesten, das heutige Reichsstraßenfleet, ab. Erst 1216 wurden Alt- und Neustadt vereint, nachdem ein Kaufmannskonsortium den Auftrag des Grafen, auf dem Gebiet der neuen Burg eine Kaufmannsstadt samt Hafen an der Alster zu bauen, erfolgreich ausgeführt hatte. Damit war Hamburgs erster Schritt hin zur bedeutenden Fernhandelsstadt getan. Dank gräflicher Unterstützung und Handelsprivilegien kamen immer mehr Kaufleute in die Stadt.

3

1 *Wo kein Strand ist, wird einer gemacht: »Summer in the City« geht nicht ohne Beach-Clubs.* – 2 *Hamburg kann auch futuristisch: Die Messehallen sind allein schon einen Besuch wert.* – 3 *Zu den neuesten Musicals im Hafen reist der Besucher per Schiff an.*

## Verhandeln statt kämpfen

Zu Beginn des 13. Jahrhunderts unterlag Hamburg dem dänischen König Waldemar dem Sieger und geriet für 25 Jahre unter die Oberherrschaft der nördlichen Rivalen. Es sollte einer der wenigen Kriege sein, die die Stadt führte, denn die Kaufleute und Handwerker des prosperierenden Gemeinwesens verhandelten lieber. Auch die Kämpfe, die kriegerische Völker um Hamburg herum ausfochten, machten der Stadt nur dann Sorgen, wenn durch sie der Strom des Handels gefährdet war. Aus Hamburger Sicht hat Außenpolitik immer mit Geld zu tun. Eher kaufte sich die Stadt, die nie eine militärische Macht besaß, von Bedrohungen frei, bevor sie das Risiko einer Zerstörung eingegangen wäre. Zudem brachte ein neuer Handelsvertrag stets mehr ein als die erpresserischen Forderungen gekostet hätten: Ehre und Macht sind schön, aber Geld ist zählbar.
Entstand im Mittelalter eine Stadt, so wuchsen auch immer Türme in den Himmel. Noch heute, und darauf ist man zu Recht stolz, zeichnen nicht Wolkenkratzer die Silhouette Hamburgs, sondern die Türme der fünf Hauptkirchen, darunter St. Katharinen, St. Jacobi, St. Michaelis und der Rathausturm.
Als Adolf III. am dritten Kreuzzug teilnahm, nutzten die Bürger die Abwesenheit des Grafen, um sich von dessen Bevormundung zu befreien. Sie wählten einen aristokratischen Rat, der die Stadt gegenüber dem Grafen vertrat. Der Hafen mauserte sich zum wichtigsten Handelsplatz an der Elbe. 1250 hatte sich Hamburg in nur 50 Jahren von einer Siedlung zu einer aufblühenden Stadt entwickelt.

1

Um 1500 war Hamburg mächtig gewachsen: 14 000 Menschen lebten jetzt innerhalb seiner Mauern. Aus dem kleinen Alsterzufluss ist nach der Aufstauung ein großer See geworden. Alle Hauptkirchen haben Türme bekommen. Die Stadt stand zwar wirtschaftlich noch im Schatten Lübecks, war aber wohlhabend und Hansemitglied. Die Seeräuberplage war gebannt, ihre Anführer Klaus Störtebeker und Godecke Michel hatte man auf dem Grasbrook geköpft. An den Fleeten lagen 450 Brauereien, die das weltberühmte Hamburger Bier, Hamburgs wichtigsten Exportartikel, herstellten.

## Der Weg zur Handelsmacht

Das meiste Geld brachte aber der stetig wachsende Transithandel. Über 300 Jahre lang hielten sich die Hansestädte an ihre Bündnisse, bis sie andere Seemächte überholten. Als gegen Ende des 16. Jahrhunderts der Nordseehandel an Bedeutung gewann, entschied sich Hamburg für einen Alleingang. Es errichtete in den wichtigen Handelsstädten eigene Kontore. Nach dem Vorbild Antwerpens entstand 1558 in Hamburg die erste deutsche Börse. 1567 erhielten englische Kaufleute, die »merchant adventurers«, eine Niederlassung an der Elbe.
Unabhängig zu sein und zu bleiben, das gelang Hamburg lange. Sich nicht Königen, Kaisern und nicht einmal Gott zu beugen war Programm. Hugo Vogel, der die Wände des Hamburger Rathauses mit Monumentalgemälden geschmückt hat, musste das auch lernen. Eins seiner Motive zeigt die Christianisierung der Hamburger unter Ludwig dem Frommen in der ersten Hälfte des 9. Jahrhunderts. Ein Hamburger war zum Empfang der Taufe in die Knie gegangen – ohne jeden Zweifel ein Symbol frommer Demut. Das aber gefiel den Senatoren gar nicht. »Wollen Sie in allem Ernst in unserem Festsaal einen knienden Hamburger zeigen? Ein Hanseat fällt nicht in die Knie – vor niemandem!« Damit kein Hamburger auf die Knie fiel, musste die Freiheit der Kunst in die Knie gehen. Vogel gab nach – und der Täufling nimmt aufrecht die Taufe entgegen.

1 *Segeln, rudern, paddeln im Sitzen oder Stehen: Auf der Alster geht es sportlich zu.* – 2 *Einst brachten sie die Hafenarbeiter zur Schicht, heute sind Barkassen die Besucherlieblinge.* – 3 *Hamburg hat ein Herz für Traditionsschiffe: Raddampfer sind eine Rarität.*

2

3

2

Im Konflikt mit dem dänischen König Christian I. kam Hamburg unter dänische Herrschaft und war nun die am besten geschützte Stadt Nordeuropas. Es betrieb eine Schaukelpolitik zwischen dem Deutschen Reich und den Königen aus dem Norden. Die Zulassung zum Reichstag 1472 bedeutete die Anerkennung als eigenständige Stadt. 1510 erhob Kaiser Maximilian Hamburg zur Freien Reichsstadt. Damit unterstand die Stadt unmittelbar dem Kaiser, der auf das richtige Pferd gesetzt hatte und gutes Geld verdiente. Gleichzeitig stärkte dies Hamburgs Selbstbewusstsein enorm.

Die Stadt begann, eigenständig Überseehandel zu treiben, was bis dahin Kolonialmächten vorbehalten war. Es kam ihr enorm zugute, dass sie sich liberal gegenüber Einwanderern verhielt – vor allem Niederländer, Franzosen, Engländer und Juden prägten die Stadt. Im Dreißigjährigen Krieg blieb Hamburg verschont: Zu dieser Zeit baute man bereits am Wallringtunnel, der die Stadt zu einer uneinnehmbaren Festung machte. Und die nicht mehr benutzten Braupfannen aus der Zeit der Hochkonjunktur der Brauereien hatte man zu Kanonen umgegossen.

Nach 1550 entwickelte sich Hamburg zur Welthandelsstadt, 1691 war es mit 40 000 Einwohnern Deutschlands größte Stadt. Noch gab es nicht die Kolonialwaren des 19. Jahrhunderts, denn die Kolonialmächte achteten akribisch darauf, dass nur ihre Händler die Güter aus den eigenen Kolonien vertrieben. Aber immer häufiger tauchten Hamburger Schiffe in anderen Welthäfen auf, und der Lauf der Geschichte meinte es gut mit Hamburg.

## Die Gunst der Stunde

Die Reeder und Kaufleute waren vorbereitet, als durch die Befreiung der nordamerikanischen Kolonien (1776) und der südamerikanischen Länder (1810–1825) sowie durch die Öffnung der asiatischen Häfen (China 1842) die Karten neu gemischt wurden. Der Hamburger Überseehandel blühte auf. Vergessen waren die Zeiten, als Napoleons Kontinentalsperre zu Beginn des 19. Jahrhunderts Hamburgs Verwundbarkeit und Abhängigkeit vom freien Handel aufgezeigt hatte. Fast wäre die Stadt bankrott gewesen, doch nach dem Abzug der Franzosen trat Hamburg 1815 dem Deutschen Bund bei, 1867 dem Norddeutschen Bund. Es entschied sich für Preußen, blieb diesem gegenüber aber Zollausland. 1871 wurde Hamburg Stadt im Deutschen Reich, 1888 musste es sich dem deutschen Zollgebiet anschließen. Dafür bekam es aber ein Bonbon: Die Speicherstadt und der moderne Freihafen entstanden mit Zuschüssen aus Preußen. Die Speicherstadt, der größte Lagerhauskomplex der Welt, war aber auch dringend nötig für den gewaltig expandierenden Welthandel. Hinzu kamen die Folgen der industriellen Revolution, die den unaufhaltsamen Aufstieg noch beschleunigten. Ein nie gekannter Warenaustausch zwischen den Nationen setzte ein, die Dampfschifffahrt ermöglichte kühnste Träume. 1856 liefen den Hafen schon über 500 Dampfschiffe an, der Anteil des Überseehandels stieg bis 1900 auf 60 Prozent. Allein zwischen 1850 und 1860 verdoppelte sich der Frachtraum der Hamburger Handelsflotte. Mit der Industrialisierung entwickelte sich auch der Schiffsbau: Um 1900 genoss Hamburg Weltruf als Werftenstadt. 1911 überschritt seine Einwohnerzahl zum ersten Mal die Millionengrenze, im Mai 1939 hatte Groß-Hamburg knapp 1,7 Millionen Einwohner. Nie mehr in der Geschichte sollten Werften und Schiffbau für Hamburg so bedeutsam sein wie bis zum Beginn des Zweiten Weltkriegs.

1 *Ansichtssache – Kunst auf dem Grasbrook vor der Hafen-Skyline.* – 2 *Hamburg und Japan mögen sich. Das Teehaus steht im City-Park Planten un Blomen.* – 3 *Wohl dem, der ein Kanu hat! Ob romantisch oder abenteuerlich – es geht alles.*

WORMLAND
HERRENMODE

# Das Zentrum: zwischen Rathaus und Binnenalster

Ein Lebensgefühl bekommt einen Namen: Hamburg. Rund um Rathaus und Binnenalster spürt man am stärksten, welch Hort von Bürgerstolz, Geschichte und Gediegenheit die Hansestadt ist. Den schönsten Fleck der Stadt, die Binnenalster, umsäumen Bauwerke, die den Höhenflug und Geist der Stadt bezeugen. Und schön sind sie noch dazu.

*Italien-Flair im hohen Norden: Die Alsterarkaden beim Rathaus laden zum Verweilen ein, ob beim Shopping oder im Café.*

# Symbol für Stolz und Tradition

## Rathaus – Kleine Alster – Alsterarkaden – Binnenalster – Außenalster – Ballindamm

»Reichtum, Größe und Traditionsbewusstsein des hanseatischen Gemeinwesens« sollte das neue Rathaus verkörpern, das mit dem Markt davor den Mittelpunkt der Hamburger Innenstadt bildet. Die Hanseaten hatten es sich verdient, denn nach dem Großen Brand von 1842 residierte der Senat 55 Jahre lang in einem Provisorium, dem Waisenhaus an der Admiralitätsstraße. Wirtschaftlich befand sich die Stadt im Höhenflug. Jetzt war die Zeit reif für den großen Wurf: Ein ganzes Staatsbautenforum entwarf Gottfried Semper. Übrig blieb Hamburgs Staatsbau Nummer eins, 1886 bis 1897 unter Leitung des Stararchitekten Martin Haller gebaut. Hamburgs größter Baumeister, Fritz Schumacher (1869–1947), beschrieb das Herz der Stadt als »Kunstwerk Hamburg« so: »Dieses einmalige architektonische Raumkunstwerk zwischen Börse und Binnenalster, mit dem Rathausplatz als Mittelpunkt, den Alsterarkaden, den Brücken und Wasserflächen, die darin eine Hauptrolle spielen – Venedig gleich!«

Wer von der Nordecke des Rathausmarktes über die Kleine Alster zur Binnenalster mit der großen Fontäne blickt, genießt eine der schönsten Sichtachsen der Stadt. Schlendert man durch die Alsterarkaden oder sitzt man in einem Café, betrachtet das Treiben und lauscht den Straßenmusikern, stellt sich bald ein erstaunlich südliches Flair ein.
Jungfernstieg, Binnen- und Außenalster – eine von Hamburgs vielen Schokoladenseiten. Hamburg ist die einzige Stadt Deutschlands, deren Zentrum von Wasser gebildet wird. Und die Anzahl der Brücken? Es sind mehr als in Venedig!
Deutschlands größter Hafen und damit für Deutschlands Handel und Wohlergehen ein entscheidender Faktor zu sein, hat den Hamburgern schon sehr früh jenes Selbstbewusstsein gegeben, das sie als Bürger einer Weltstadt noch heute völlig ungebrochen besitzen. Es ist ihnen seit Jahrhunderten unumstößliche Gewissheit, dass sie die »Größten« sind. Doch kein Hamburger würde das jemals aussprechen. Man ist es, man weiß es, aber man redet nicht davon. Der Glaube, es sei etwas Besonderes, aus dieser Stadt zu stammen, ist einfach angeboren.
Dieses Selbstbewusstsein strahlt auch das im Stil der nordischen Renaissance gebaute Rathaus aus. Wegen des morastigen Untergrunds steht es auf 4000 Holzpfählen. Senat und Bürgerschaft haben hier ihren Sitz. Den Zweiten Weltkrieg überstand es ohne größere Beschädigung – ein Wunder, denn schwere Zerstörungen haben Hamburgs Geschichte im Stadtbild nahezu unkenntlich gemacht. Dieses verdankt Hamburg tatsächlich zwei Katastrophen: Dem Großen Brand von 1842, der die mittelalterliche Stadt vollständig vernichtete, und dem Zweiten Weltkrieg, der mit von Bomben angefachten Feuerstürmen die neue Stadt zur Hälfte zertrümmerte. Hinzu kam die der Hansestadt eigene Abrisslust.
Auch das jetzige Rathaus spiegelt dies wider, ist es doch der sechste Anlauf und Standort. Man hat hier geklotzt, nicht gekleckert, schließlich ist Hamburg die einzige Metropole europäischen Rangs, die

*1 Die Figuren des Hygieia-Brunnens stellen die Bedeutung des Wassers für Hamburg dar. – 2 Understatement geht anders! Beim Rathausbau haben die Hamburger mal fünfe gerade sein lassen.*

2

1

2

sich auf die Stadtfreiheit des Mittelalters berufen kann. Bis zum Eintritt ins Deutsche Reich, also immerhin 650 Jahre lang, verhielt sich Hamburg fast wie ein souveräner Staat. Die Freiheit des Handels und dazu, eigene Gesetze machen zu können, ist in Hamburg unteilbar. »Mögen die Nachkommen die Freiheit erhalten, die ihre Väter erwarben«, steht hoch oben am Rathaus, in Gold und in Latein.

## Nomen est omen

»Städte sind wie Träume – sie bestehen aus Sehnsüchten und Ängsten«, so beschrieb Italo Calvino die Beziehung der Menschen zu ihrer Stadt. Und der Name einer Stadt? »Nomen est omen«, heißt es, der Name ist Vorbedeutung. Hamburg liefert das beste Beispiel. »Stadt Hamburg« hieß es in den Anfängen schlicht; noch gab es keinen Grund, eine besondere rechtliche oder politische Stellung im Namen auszudrücken. »Kaiserlich-freye Reichsstadt« wurde Hamburg 1768 durch den endgültigen Verzicht der Dänenkönige auf die Hansestadt. Zum Trost kassierten diese eine Million Taler aus dem Stadtsäckel.
»Freye Hansestadt« hieß Hamburg dann ab 1806. Denn das Deutsche Reich hatte sich aufgelöst, der Kaiser ausgedient. Dem »Kaiserlich« im Namen weinte niemand eine Träne nach, für Ärger sorgten jedoch die Beifügungen »freye« und »Hanse«. Als »freye Stadt« titulierte sich Hamburg ab 1815 und dokumentierte so den Status, den der Deutsche Bund der Stadt zuerkannte. Auf das »Hanse« im Namen mochten die Bürgervertreter nicht verzichten, im Gegensatz zum Rat. 1819 setzten sie die Bezeichnung »Freye und Hansestadt« durch, indem sie ihre Zustimmung zu einer Steuerordnung so lange verweigerten, bis mit »Hanse« die bürgerliche Tradition der Kaufleute auch im Stadtnamen gewürdigt war. Das »und« zwischen »Freie« und »Hansestadt« bedeutet, dass Hamburg zuerst einmal frei ist, aber eben auch eine Stadt in der stolzen Tradition der Hanse. Und so legte es die 1952 verabschiedete Verfassung fest.
Wer mit dem Autokennzeichen HH unterwegs ist oder sich sonst irgendwo als Hamburger zu erkennen gibt, wird unvermeidlich erleben, dass ihm ein aufmunterndes »Hummel-Hummel!« zugerufen wird. Vom Hamburger wird erwartet, dass er auf den »Hamburger Gruß« selbstverständlich mit »Mors-Mors« antwortet. Gemeint ist der im derben Sprachgebrauch als »Arsch« bezeichnete Körperteil. Damit konterte ein Wasserhändler namens Hummel im 19. Jahrhundert die ihn neckenden Kinder. Bald begrüßten sich die Hamburger außerhalb der Stadt auch unter sich mit dem Spruch. Die Redensart wurde so populär, dass 1938 sogar ein Denkmal für den Mann errichtet wurde.

## Wo Hamburg am schönsten ist

Der Rathausplatz hat ein illustres Vorbild: Venedigs Markusplatz. Wie dieser öffnet er sich zum Wasser, hier zur Kleinen Alster. Sie endet an einer Schleuse, die für Hamburg ganz wichtig ist. Bis hierher reicht der Verkehr flussabwärts. Und vom großen Strom dringt er durch die Fleete bis zu dieser Schleuse. Wer will, kann in wenigen Minuten mit einem Boot auf die Elbe gelangen und dort Ozeanriesen umkreisen, die mitten in die Stadt hineinfahren.
Im Spätherbst ist die Kleine Alster der Ort, an dem der »Schwanenvater« die Alsterschwäne einfängt, um sie ins Winterquartier zu bringen. Ganz Hamburg nimmt Anteil an dieser Fahrt per Schute zum Eppendorfer Mühlenteich, wo sie es gemütlicher haben. Und die Stadt weiß: Jetzt fängt der Winter an!
Die Liebe der Hamburger zu den Wasservögeln ist rührend und hat Tradition. Vor

3

1 *Im Herzen der Stadt: Entspannung auf den Restaurant-Pontons am Bleichenfleet.* – 2 *Die Fontäne im Sommer, die Tanne zu Weihnachten: So lieben die Hamburger die Binnenalster.* – 3 *Stolz, selbstbewusst und gut geschützt zeigt sich Hamburgs Wappen.*

ein paar Hundert Jahren, als das Halten von Schwänen ein Privileg war, dienten sie den Hamburgern als Symbol ihrer staatlichen Unabhängigkeit gegenüber den vor den Stadtmauern herrschenden Dänen. Durch die Alsterarkaden, 1843 klassizistisch von Chateauneuf mit geschmiedeten Laternen und einem gusseisernen Geländer samt maritimem Schmuck entworfen, gelangt man angemessen zum Jungfernstieg. Viele Besucher meinen, die Natur habe die Stadt mit diesen vielen Wasserflächen sichtbar begünstigt. Dabei war es der Handelsgeist der Hamburger! Die Binnenalster, oft als schönster Ort Hamburgs betrachtet, ist der kleinere der beiden Seen. Ihre Existenz hier in der City verdankt sie dem aus vielen Quellen in Holstein entspringenden, schon im Mittelalter für den Mühlenbetrieb gestauten Flüsschen Alster. Nur selten dürfte eine Stadt mit einer wirtschaftlich motivierten Wasserbaumaßnahme so viel für das Stadtbild erreicht haben wie Hamburg. Auch die Trennung von Binnen- und Außenalster ist Menschenwerk: Die Anlage der Stadtbefestigung vor dem Dreißigjährigen Krieg teilte die Wasserfläche in einen inneren und äußeren Bereich.

## Urbane Natur, kein Widerspruch in dieser Stadt

»Hamburg ist die stärkste deutsche Hochzeit einer Massenstadt mit einer Natur.« Alfred Kerr, 1928. Seit Jahrhunderten ist die Alster Gegenstand unzähliger literarischer Huldigungen. Blickt man von der Lombardsbrücke zur Stadt hinüber, so sieht man das Panorama der Türme Hamburgs und keine Hochhäuser. Ein Stadtbild, wie es sich nicht wiederholt, einzigartig und schön. Bei aller Größe und Vielschichtigkeit hat es fast idyllischen Charakter. Hier gelingt es der Stadt am leichtesten, Besucher vergessen zu machen, dass sie mittendrin sind. Gustav Falke schrieb 1908 über die Binnenalster: »Am Abend aber, wenn auf den Straßen und hinter den Fenstern alle Lichter brennen und auf dem Wasser die Schiffs- und Bootslaternen aufblitzen, und sich in den Wellen spiegeln, dann ist dieses Bild ein märchenhaft schönes; am schönsten vielleicht, wenn die Dämmerung noch vorherrscht, während die Lichter schon überall leuchten. Dann nimmt die Alster eine tiefblaue Färbung an. Ihre blaue Stunde.« Beim jährlichen großen Volksfest an der Binnenalster, dem Alstervergnügen, gibt es viele Gelegenheiten für die zahllosen Besucher, ihre eigene blaue Stunde zu erleben. Drei Tage dauert das Fest, Ausnahmezustand rund um die Binnenalster. Open-Air-Konzerte, Feuerwerk, Sportspektakel – für Vergnügen ist gesorgt. Für den alljährlichen Höhepunkt an der Außenalster aber sorgt die Japanische Gemeinde: Sie feiert das Kirschblütenfest mit einem gigantischen Feuerwerk über dem großen See. Hunderttausende stehen dann an den Ufern, und die Außenalster ist so voller Wasserfahrzeuge, dass man sie tro-

1 *Draußen nur Kännchen? Gern, immer wieder, überall.* – 2 *Die Blumenliebe der Hamburger sieht man überall.* – 3 *Am Nikolaifleet fing alles an: Geschichte zum Anfassen.* – 4 *Museumsdampfer »St. Georg« auf der Binnenalster.* – 5 *Im Sommer ist die Kleine Alster ihr Zuhause – die Schwäne sind zu beneiden.*

2

3

1

2

ckenen Fußes überqueren könnte. Und wenn die letzte Rakete – abgeschossen von einer Plattform im See – den Himmel über Hamburg erleuchtet hat, erklingt ein nicht enden wollender Applaus von den dunklen Ufern und den Booten.

## Erfolgsgeschichte HAPAG

Der Ballindamm mit seinen Kontorhäusern ist ein eindrucksvolles Stück Hamburg an der Ostseite der Binnenalster. Entstanden ist die baumgesäumte Flaniermeile auf dem Bauschutt des großen Brandes von 1842; der Trümmerschutt des Zweiten Weltkrieges diente seiner Erweiterung. Seit 1947 trägt der frühere Alsterdamm den Namen von HAPAG-Generaldirektor Alfred Ballin. Der Volksmund übersetzte die Abkürzung des Reedereinamens Hamburg-Amerikanische Packetfahrt-Actien-Gesellschaft ironisch mit »Haben alle Passagiere auch Geld?« Denn viel verdiente die Reederei an den Auswanderern, die von Hamburg aus in eine neue Zukunft starteten. Sehr früh setzte Ballin auf Fracht- und Passagierfahrten nach Übersee und machte die HAPAG damit 1914 zur bedeutendsten Handelsreederei der Welt. Stolze 174 Seedampfer befuhren auf 74 Linien alle Weltmeere. Ballins Motto und das der HAPAG lautete simpel: »Mein Feld ist die Welt.« Heute steigt der Hamburger Containerhafen unaufhaltsam in den Top Ten der Welthäfen auf. Lange bevor das Wort Globalisierung die Welt prägte, waren Hamburger Reedereien schon in allen wichtigen Häfen der Welt vertreten. Mit China handeln Hamburger Firmen seit 275 Jahren: Sie richteten das Hamburger Konsulat 1829 in Kanton als erste offizielle deutsche Vertretung ein. Davon macht man aber nicht viel Aufhebens in Hamburg. Man trägt den Pelz innen, sagt man. Unter den Schiffen der HAPAG gab es so berühmte Passagierdampfer wie die »Vaterland« und die »Imperator«. Letztere lief 1912 vom Stapel und war das größte Schiff der Welt. Den Bau dieses Luxus-Liners kommentierten englische Kritiker so: »Ballin hat der Welt den Krieg erklärt!« Die Hamburger aber sind schiffsvernarrt, je größer desto besser.

## Sehen und gesehen werden

Der Jungfernstieg ist die berühmteste Uferpromenade der Binnenalster, die hanseatische Meile schlechthin. Er ist mit dem wundervoll restaurierten noblen Alsterhaus in der Mitte nicht nur eine edle Einkaufsstraße, sondern auch Promenade und Laufsteg der Eitelkeiten. Das heutige Kino »Streits« galt in der Gründerzeit als eine der feinsten Adressen am Jungfernstieg. Dort logierte 1912 inkognito der dänische König Frederick VIII., der in einem nahen Etablissement in den Armen eines Freudenmädchens starb. Hier wurde 1841 zum ersten Mal die spätere deutsche Nationalhymne gesungen. Den Rang der feinsten Adresse dürfte heute das »Hotel Vier Jahreszeiten« innehaben, wenngleich der »Übersee-Club« im früheren Amsinck-Palais ihm durchaus Konkurrenz machen könnte. Doch im englischsten aller Clubs in Hamburg heißt es strikt: »Members only«. Der Alsterpavillon ist ideal für eine Pause. Seit 1799 lockt die Hamburger der Blick von der Terrasse auf die 18 Hektar Wasser der Binnenalster. Seine Bezeichnungen sind Zeitspiegel und reichen vom »populärsten Kaffeehaus der Welt« über »schönstes Lokal Hamburgs« bis zu »Judenaquarium«, wie er in den 1930er-Jahren despektierlich hieß, als während der NS-Zeit in ihm noch geswingt wurde. Wie auch immer man den Pavillon nannte, hier ist die Stadt weit weg. U-Bahn- und Autolärm verwehen, und die Schiffe der »Weißen Flotte« laden von hier zu kleinen Kreuzfahrten mitten in der Stadt ein.

1 *Dampferanlegestelle, Luxusmeile, Flanierzone: Am Jungfernstieg ist immer was los.* – 2 *Ihre Schiffe eroberten die Welt, ihren Sitz hat HAPAG LLOYD an der Binnenalster.* – 3 *Schon immer ein Ort der Sehnsucht: Die Landungsbrücken machen süchtig.*

*Hart arbeiten, total entspannen! Die Hamburger gönnen sich mitten in der City einen Park vom Feinsten: Planten un Blomen.*

1

1 *Beim Triathlon-World Cup wird die City zum Stadion.* – 2 *Brücken hat Hamburg sogar mehr als Amsterdam und Venedig zusammen.* – 3 *Lunchtime in den Collonaden nahe der Binnenalster.* – 4 *Hamburgs Wetter ist besser als sein Ruf. Das schätzen nicht nur die Gäste am Alsterpavillon.*

# Die gute Stube: an der Außenalster

Man kann sich leicht verlieren im Labyrinth der Wasserwege zwischen Außenalster, Alsterlauf und Stadtpark, das einen per Boot in eine grüne Gegenwelt einlädt. Die Stadt scheint weit entfernt zu sein. Betrachtet man die Anwesen, an deren Rückseiten man oft vorbeitreibt, jedoch von vorn, kommt kein Zweifel auf, wo man sich gerade befindet: in Hamburgs bester Gesellschaft.

*Harvestehude ist geprägt von der Außenalster – hier kann man mit Blick auf bunte schaukelnde Segelboote stilvoll wohnen.*

# Wo die feinen Leute wohnen

## Außenalster – Harvestehude – Eichenpark – Schöne Aussicht

Sie ist nur ein kleines Flüsschen von 56 Kilometern Länge: die Alster. Sie entspringt in Schleswig-Holstein, windet sich in großen Bogen durch Wiesen und Wälder, fließt von Norden her Richtung City und zieht schließlich als schiffbare Nebenstraße zwischen Eppendorf und Winterhude stadteinwärts. Zur Stadtmitte hin

läuft sie auseinander zu einem 182 Hektar großen Stausee, der Außenalster – und bietet Hamburg plötzlich Gelegenheit, sich in seiner ganzen Pracht zu zeigen. Mag die Elbchaussee vornehmer und Blankenese eine erste Adresse sein, ist die gute Stube der Stadt doch die Außenalster. Beiderseits der Krugkoppelbrücke, die seit 1892 Harvestehude mit Winterhude und Uhlenhorst verbindet, hat das wohlhabende Bürgertum um 1900 seine Villen gebaut. Wie eine mehrreihige Perlenkette sind sie um die Außenalster gelegt.

»Der Binnensee, mit Anlagen eingefasst, mit Schwänen und pünktlichen Motorbooten besetzt, war das Auge der Stadt, ihr öffentlich zugängliches Kleinod. Die Wimpern dieses teuren Auges gleichsam bildeten traditionsreiche Reederhäuser, Tennisplätze und an einigen Stellen melancholisch sinnende Villen, die in nobler Zurückgezogenheit, verdeckt von Hecken und Zäunen, über ihren wachsenden Grundstückswert nachzudenken scheinen«, heißt es bei Siegfried Lenz. Daran hat sich bis heute wenig geändert.

Je nach Zeitenlauf beherbergten die weißen Villen Reederfamilien, eine preußische Gesandtschaft, NS-Herren oder Konsuln befreundeter Nationen. Die schönsten Einzelhäuser sind Hamburgs »Weißes Haus«, das US-Generalkonsulat und das älteste Haus am Alsterufer, die Sloman-Burg von 1848. Auch das Buge-Palais und die Laeisz-Villa beeindrucken.

Reeder und Kaufmannsfamilien hatten hier schon Ende des 18. Jahrhunderts erste Gärten angelegt und Landhäuser gebaut. Die Dörfer vor der Stadt waren beliebte Residenzen für die Sommersitze reicher Bürger. Nach dem Ende der Torsperre von 1860 blieben die Tore Tag und Nacht geöffnet und jeder konnte frei hinein und hinaus. Das war das entscheidende Zeichen für die große Umwandlung der Dörfer. Über 500 Jahre lang hatten sich die Hamburger nicht frei bewegen können, nun gab es kein Halten mehr.

In Harvestehude führten private Investoren das erste große Erschließungsprojekt durch. Es war eine frühe Art von Stadtplanung, allerdings nur für die Reichen. Sie kauften riesige Flächen und legten ein schachbrettartiges Straßennetz an. Man musste keine Rücksicht auf Vorhandenes nehmen. 1912 hatte schon mehr als die Hälfte der Hamburger Millionäre investiert. Und es wurde dafür gesorgt, dass sie unter sich blieben. Weder war ein Gewerbe erlaubt, noch duldete man kleine Bauten. Exklusiv und einheitlich war die Devise, ob nun im Viertel mit Villen wie am Innocentia-Park oder mit Etagenhäusern wie im Jungfrauental.

In der Gründerzeit entstand in Harvestehude bis zum Ersten Weltkrieg ein Wohn- und Villenviertel mit Stadt- und Etagenhäusern in prächtiger Ausführung. Fast alle Spielarten des Historismus und des Jugendstils sind hier auf engem Raum in repräsentativer Ausstattung zu finden. Bis

1 *Sommervergnügen rund um die Außenalster: Grillen, chillen, gar nichts tun.* – 2 *Von Anfang an eine Top-Adresse: Anwesen der Slomans an der Außenalster.* – 3 *Rückseiten-Einblicke in die feine Welt von Winterhude: Das Kanu macht es möglich.*

2

3

1

heute gehört das Viertel zu den Nobelwohnvierteln Hamburgs.

## Architekt der weißen Villen

Er baute den hanseatischen Kaufleuten die Zeugnisse ihres Wohlstandes und Stilbewusstseins: Martin Hallers (1835–1925) imposante Villen säumen seit mehr als 140 Jahren die Alster. Das Rathaus, Kontorhäuser und Banken baute er auch, vor 1900 in den Formen der Renaissance, opulent, technisch modern in einer blühenden Stadt. Er hat der Stadt seinen Stempel aufgedrückt, seinen Stil mitgeteilt. Am Westufer der Außenalster, am Anfang des Harvestehuder Wegs, stehen besonders schöne Beispiele dicht beieinander: Den Anglo-German-Club im Haus Nummer 44 hat Haller 1865 im Stil eines italienischen Landhauses errichtet. Gegenüber in Nummer 41 steht die gelbe Backsteinvilla Krogmann mit ihren Giebelkrönungen im Renaissancestil.

Am Harvestehuder Weg 14 trifft man auf die prachtvolle Jil-Sander-Villa, die er 1866 im Stil der französischen Renaissance errichtet hat. In der Nummer 12, dem Buge-Palais, ist heute die Musikhochschule untergebracht. Am Alsterufer 27/28 steht das US-Generalkonsulat. Zwei Haller-Villen im Stil der französischen Renaissance wurden dort nach dem Zweiten Weltkrieg vereint. Die säulengestützte Unterfahrt gibt dem Ensemble ein neues repräsentatives Erscheinungsbild.

An der Binnenalster finden sich Beispiele für Hallers Büroarchitektur. Das Haus der Dresdner Bank gestaltete Haller 1899 als vornehmen Stadtpalast mit Renaissanceformen. Haller galt als der Bankenspezialist unter Hamburgs Architekten. Seine Bürobauten mit Fahrstühlen, elektrischem Licht und Heizungen waren hochmodern. Das Rathaus, unter Hallers Führung 1886 bis 1897 errichtet, ist sein architektonischer Höhepunkt.

Im Rückblick sagte Haller: »Der für das Gebäude gewählte Baustil entsprach dem damaligen Zeitgeschmack und vermittelte die teils auf die Antike, teils auf die Romantik gerichteten Wünsche des Bauherrn. Zugleich ermöglichte er die Anordnung hoher Dächer und eines schlanken Turms, der als altes Wahrzeichen städtischer Unabhängigkeit als unentbehrlich galt. Endlich bot er Gelegenheit zu einer reichen Entfaltung sinnvollen ornamentalen und figürlichen Schmuckes.« Es gehört wenig Fantasie dazu, um aus diesen Worten herauszulesen, dass Haller mit einigen Wünschen des Senats, die wohl eher Anordnungen waren, nicht einverstanden war. Trotzdem wirkt es wie aus einem Guss.

## Ausflug in die Gartenstadt

Grundstücke an der Außenalster, dem eher aus Versehen entstandenen See von der Größe des Fürstentums Monaco, waren die begehrtesten. Das Ergebnis einer misslungenen Aufstauung der Alster sorgte für eine solche Überschwemmung, dass man feuchte Wiesen trockenlegen musste, bevor sie als Bauland geeignet waren. Und die späteren Wohngebiete durchzogen Kanäle. Glücklicherweise entstanden so auch mehr Grundstücke mit eigenem Wasserzugang. Entlang des gebändigten Gewässers legten die Investoren ihre Lustgärten an, die sie vom Kontor aus bequem mit dem Boot erreichten. Es entstand eine Gartenstadt, die es so nicht noch einmal gibt. In den feinen Gegenden scheint es, als ließen die Leute ihre Villen mit einem glänzenden Weiß streichen: Es

1 *In der Mittagspause eine Runde segeln! Die Außenalster ruft.* – 2 *Hier kommt nicht jeder rein: Anglo-German-Club in Harvestehude.*

1

2

3

glänzt wie Bootslack in der Sonne, sodass die Häuser leuchtend an den Straßen liegen wie teure Jachten am Kai.

Noch heute führt der schönste Ausflug ins Zentrum über die Anlegestege der Alsterdampfer. Für die interessantesten Stadterkundungen empfiehlt sich hier das Kanu oder Ruderboot. Im Schattenreich der Kanäle wird es ganz still, die Lebensweise der ländlich lebenden Großstädter wirkt so beschaulich wie die Bootsfahrt selbst. Private Bootshäuser, Kinderspielplätze, verwunschene Gärten, kleine Parks auf der Rückseite von noblen Häusern. Irgendwo, ahnt man, muss die City liegen, in der das Geld verdient wird, um diese teuren Landsitze bewohnen und instand halten zu können. Doch nach hinten hinaus herrscht die Stille der Marschlandschaft, die das Gluckern des Wassers noch betont. Hamburg als Stadt, so merkt man erst hier, gibt es eigentlich gar nicht. Denn wo wäre das Zentrum dieser Grünanlage auszumachen, wenn nicht hier. Kein Wunder, dass Besucher, die aus der zentralisierten Hektik von London, Rom oder Paris nach Hamburg kommen, vergeblich die Mitte suchen. Wo sich bei ihnen daheim ein konzentrisches Chaos um den herrschaftlichen Kern legt, geht es in Hamburg breit und gemütlich zu.

## Einmal zu Fuß um den See

Die eineinhalbstündige Alsterumrundung zu Fuß ist nicht nur gut für die Gesundheit, sondern auch gut für das Selbstbewusstsein. Straßennamen wie »Bellevue«, »Schwanenwik« oder »Schöne Aussicht« lassen schon auf dem Stadtplan erahnen, dass rund um die Alster eine Menge Geld zu Hause ist.

Im Eichenpark ehrt ein Denkmal den Fluss-Poeten Friedrich von Hagedorn: »Der Elbe Schifffahrt macht uns reicher / die Alster lehrt gesellig sein!«, erkannte er. Von der »Alsterperle« am Schwanenwik über »Bodos Bootssteg« und dem »Cliff« bis »Bobby Reich« bestätigt Hamburgs Sommernacht die Dichterzeilen aufs Schönste. Was die »Strandperle« für Oevelgönne ist, das ist »Bobby Reich« für die Außenalster: eine Institution. Von der Terrasse aus überblickt man Richtung Stadt die Außenalster in ihrer ganzen Länge. An den Stegen liegen die Boote, werden Segel gehisst, klappern die Wanten – Entspannung auf maritime Art.

Die Dampfer bahnen sich ihren Weg durch Felder von Seglern und Ruderern. Unkalkulierbarer und oft mit heftigem Drohsignal bedacht, scheinen für die Kapitäne der Weißen Flotte nur noch die Tretbootfahrer zu sein. Ganz stilgerecht und romantisch lassen sich nicht nur Verliebte in einer venezianischen Gondel herumschippern. Ina Mierig brachte die Idee aus Hamburgs geistiger Schwesterstadt Venedig mit, am Bootshaus »Barmeier« in Eppendorf geht's mit »La Gondola« los. Interessant sind auch die neueren Bars, Kioske und Cafés am Alsterrand. Oft sind sie durch Umnutzung alter Gebäude, wie beispielsweise ehemaliger Toilettenhäus-

1 *Beste Aussichten an der Alten Rabenstraße.* – 2 *Man kann sogar wieder in der Alster baden.* – 3 *Denkmal für die Kriegsopfer in den Alsterwiesen.* – 4 *Ohne Steuermann wird es eng: Ruderer blicken nur nach hinten!* – 5 *So schön können Haltestellen sein!*

4

5

1

2

chen, entstanden. Doch auch kulturell überzeugt der Fußweg. 38 Skulpturen stehen und liegen auf den Wiesen und Inseln, dem Alstervorland, an den Brücken und in den Parks rund um die Alster. Die großen weißen Holzsessel, mit denen die Stadt die Wiesen bestückt, sind begehrt – so sehr, dass manche auch in privaten Gärten weiterleben … Jedes Jahr stellt sich deshalb von Neuem die Frage, ob die Stadt es sich noch weiter leisten kann, diesen Luxus zu bieten. Hat man erst mal einen der Sessel erobert, ist der Anblick der tobenden Hunde ebenso amüsant wie das Verhalten ihrer Besitzer. Wer es als Hund hierher geschafft hat, dem geht es unbestritten gut.
In der Nähe von Timm Ulrichs Denkmal für den »unbehausten Dichter« Wolfgang Borchert am Schwanenwik lohnt ein Besuch des Literaturhauses. Ein schöneres Café als der 1888 mit Stuck und einem Deckengemälde prunkvoll gestaltete Gartensaal ist schwer vorstellbar. Am Feenreich hinter der Schönen Aussicht wohnen die Gäste des Hamburger Senats in einem Gästehaus, das 1868 der Architekt Martin Haller entworfen hat. Der Name des Anlegers »Uhlenhorster Fährhaus« an der Schönen Aussicht, dicht neben dem Norddeutschen Regatta Verein, ist die einzige Erinnerung an ein sehr beliebtes Ausflugslokal. Es stand im kleinen Park an der Fährhausstraße. 100 Jahre lang war es Konkurrent des Harvestehuder »Raben«, bis es im Zweiten Weltkrieg zerstört wurde. Vom Park aus sieht man die goldene Kuppel einer von Hamburger Architekten erbauten Moschee.

## Ob sommers, ob winters …

Erst im Jahr 1912 konnte man den Straßenring um die Außenalster durch den Bau der Straße Alsterufer vollenden. Eine doppelreihige Allee aus beschnittenen Linden überschattet sie angenehm. Das fiel 1928 auch Alfred Kerr auf: »Hamburg ist so schön – ja, auch weil an der Alster die Bäume so schön verschnitten sind. Oben ganz gradflächig abgeholzt wie in einem Kurort. Auf dem anderen Ufer, und weiterhin, ragen sie ins Gewölk. Man suche sich eine deutsche Riesenstadt gleichen Ranges, mit gleicher Herrlichkeit wie das verdämmernde Alsterbecken an einem Nebelabend.«
Ein besonderes, wenn auch seltenes Vergnügen bereitet die Alster den Hamburgern im Winter. »Hält das Eis schon?«, ist die meistgestellte Frage nach frostigen Tagen.
Ungeduldig wartet man, schleift schon mal die Schlittschuhe … und wenn das Eis endlich freigegeben wird, dann ist es kaum noch zu sehen. Zehntausende sind unterwegs, dicht gedrängt stehen Glühwein- und Würstchenstände am Ufer.

3

4

5

1 *Der Stadtpark ist die grüne Lunge, Galaxien eröffnet das Planetarium.* – 2 *Winterhude ist schon lange »angesagt«, Kneipen und Restaurants multikulti.* – 3 *1954 war an der Alster die Bundesgartenschau. Schönheit vergeht nicht.* – 4 *Rushhour auf den Kanälen: Auch eine Original-Gondel mit diplomierter Gondoliera ist dabei.* – 5 *Canale Grande in Uhlenhorst! Italienisches Flair an der Mundsburger Brücke.*

*Der nächste Winter kommt bestimmt, aber ist das Eis auch dick genug? Die Eisschicht auf der Außenalster ist Stadtgespräch – wann steigt wohl die nächste Schlittschuh-Party?*

Seite 54/55 f.

1 *Grillen auf Teufel komm' raus – im Stadtpark ist man tolerant.* – 2 *Wem Venedig zu weit und zu voll ist – der Gondoliere sorgt für die perfekte Illusion.* – 3 *Um den Stadtpark-See verteilen sich die angesagten Hamburger Biergärten.* – 4 *Entspannung an der Alsterperle: Schöner kann ein altes Toilettenhaus nicht sein!*

1

2

3

4

# Binnenhafen, Speicherstadt, Hafen-City

Brücken sind in Hamburg von besonderer Bedeutung. Manche sind besonders alt, andere sehr hoch, viele besonders schön. Die meisten von ihnen verbinden Ufer und Menschen. Einige sind dabei auch noch Bindeglieder zwischen den verschiedenen Epochen der Stadt. Am Hafenrand treffen sich Vergangenheit und Zukunft.

*Ein neuer Stadtteil mitten in der Stadt – die Hafen-City polarisiert Hamburg und seine Gäste. Von den Magellan-Terrassen mittendrin hat man den Überblick.*

# Wo Hamburg richtig alt ist

## Nikolaifleet – Deichstraße – Speicherstadt – Hafen-City

Man braucht Entdeckergeist, um Hamburgs historische Altstadt zu finden. Sie will nicht einfach besichtigt, sie will entdeckt werden. Das liegt daran, dass Hamburg sich wie kaum eine andere Metropole durch die Jahrhunderte gehäutet hat. Hamburg könnte eine mittelalterliche, barocke, vom 19. Jahrhundert geprägte Stadt sein. Aber da der architektonische Aufbruch in

eine neue Epoche immer auch gepaart war mit großer Freude am Abriss des Alten, blieben aus allen Zeiten nur Rudimente. Katastrophen wie Feuer und Weltkriege prägten die Stadt. Die Hamburger selber sieht Alfred Lichtwark aber als die beflissensten Zerstörer ihrer Stadt, die er »Freie und Abrissstadt Hamburg« nannte. Jahrhundertelang war es Brauch, dass jede neue Zeit wegräumte, was die alte gebaut und ihr überliefert hatte. »Ehrfurcht vor dem Gewesenen, vor den Denkmalen der eigenen Geschichte besitzt diese Stadt kaum. Das ist ihr Grundfehler«, beklagte Hans Henny Jahnn 1957. »Sie ist, im Gegensatz zu Lübeck, arm an erschaubarer Vergangenheit. Wenn man diese Stadt liebt – nun sage ich das Wort –, spürt man den Schmerz der Entwurzelung.«

Die wenigen, eher zufällig übrig gebliebenen und heute teuer aufgemöbelten, rekonstruierten oder nachgemachten Relikte von der Gotik bis zum Klassizismus sind ungemein dürftig. Es wäre also eine besondere Unternehmung, im heutigen Hamburger Stadtbild Stilkunde zu betreiben. So sind die schönen Barockhäuser in der Peterstraße faszinierend. Doch Vorsicht! Wie auch in der Neanderstraße enthält das dekorative Architekturensemble moderne Wohnungen, denen man Fassaden vorgesetzt hat. Sehenswert, wirklich original und ganz nah ist aber das Beylingstift. Verwirrend … Halten wir uns bei der Spurensuche lieber an Hamburgs größten Baumeister, Fritz Schumacher (1869–1947). Er beschrieb seine Vorstellung vom Hamburg vor dem Großen Brand so: »An reich gegliederten zierlich geschwungenen Straßen stehen die ehrwürdigen Giebelhäuser alter Kaufmannsgeschlechter, dazwischen schieben sich kostbar geschmückte Bauten, die der Allgemeinheit dienen; stolze Kirchen ragen empor an malerisch gruppierten Plätzen; überall spielt das Wasser an weit gestreckten Zügen und breiten Becken in das Häusermeer hinein; die selbstbewussten Speicher steigen in langen Reihen aus den Fleeten«.

Inseln dieser holländisch wirkenden Idylle gibt es noch heute am Nikolaifleet. Die für die Stadt so charakteristischen Fleete sind weitestgehend Menschenwerk. Manche dieser Fleete (niederdeutsch »fleet« bedeutet »fließen«) existierten schon bei der Stadtgründung als mehr oder weniger große Flussläufe, andere kamen mit der Zeit hinzu. Im 18. Jahrhundert entstand ein weitverzweigtes Netz von Wasserstraßen, das jeden Besucher sofort an Amsterdam und Venedig erinnerte.

### Die Ursprünge des Hamburger Hafens

Hin und wieder kippte man so manche Wasserstraßen aber auch schon mal zu, wie das Reichenstraßenfleet um 1880. An der neuen Großen und Kleinen Reichenstraße wohnten an gleicher Stelle die gleichen Leute wie vorher, die Reichen. Dort

1 *Barock ist selten in Hamburg, in der Peterstraße ist man umso stolzer.* – 2 *Die »Cap San Diego« vom Dach der Philharmonie aus gesehen.* – 3 *In der Deichstraße atmet Hamburg Geschichte und spannende Gegenwart.*

2

3

2

lag der erste und bis zum 12. Jahrhundert einzige Hafen Hamburgs. Die ältesten schön restaurierten Häuser mit klassizistischer Fassade stammen von 1839.
Über 500 Jahre lang befand sich um Neß und Trostbrücke das wirtschaftliche und politische Zentrum Hamburgs. Die Trostbrücke verband die gräfliche Neustadt mit der bischöflichen Altstadt. Die heutige Trostbrücke aus dem Jahr 1881 schmücken Figuren des Erzbischofs Ansgar, dem Begründer des Doms und der Altstadt, und des Grafen Adolf III. von Schauenburg: Symbole kirchlicher und weltlicher Macht. Ob die Brücke Trost gespendet hat, ist zweifelhaft: Sie war die letzte Station der zum Tode Verurteilten auf ihrem Weg zum Galgen.
Der Hafen der Neustadt, angelegt in der breiten Biegung des heutigen Nikolaifleets, nähert sich der Elbe schon gewaltig. Wegen seiner niedrigen Brücken konnten ihn größere Segelschiffe aber bereits im 13. Jahrhundert nicht mehr anlaufen. Das Be- und Entladen der Schiffe verlagerte sich zur Mündung des Fleets in die Elbe, zum Kajen am heutigen Binnenhafen. Dort wurde schon im 14. Jahrhundert ein Kran zum Löschen aufgestellt. Kleinere Schiffe brachten die Waren von dort zu den Speichern in den Fleeten.

## Brücken verbinden Ufer und Epochen

Am Rand der Willy-Brandt-Straße bildet die Zollernbrücke eine Art historisches Bindeglied. Die vierspurige Straße selber ist zwar der längste und größte Durchbruch in der Innenstadt nach dem Zweiten Weltkrieg, doch nördlich von ihr liegt der traditionsreiche Boden der frühen Stadt. Und südlich von ihr erstreckt sich die Deichstraße. Mit einiger Fantasie kann man sich das geschäftige Treiben an diesem Ort im Mittelalter vorstellen. Elbschiffer und Marschbauern, Handwerker und Fernhändler, die Gewürze, Rohstoffe und Bier verluden. Die Straße führt direkt zum Hafenrand, und in ihr befindet sich das einzige erhaltene Ensemble Alt-Hamburger Kaufmannshäuser aus verschiedenen Jahrhunderten. Die Deichstraße taucht erstmals 1304 in Urkunden auf. Die mehrstöckigen Häuser an der Wasserseite stammen aus dem 17. bis 19. Jahrhundert. Einen Großteil der Gebäude zerstörte allerdings der Große Brand, der 1842 genau an dieser Stelle ausbrach. Aber man hat sie anschließend wieder aufgebaut. Das erste errichtete Haus in der Deichstraße ist das Haus Nummer 25 von 1659. Im Jahr 1728 erhielt es das Portal, das den Brand überstand. An der Fleetseite ist die alte Fachwerkfront erhalten. Das Haus Nummer 27 stammt aus dem Jahr 1780 und dient seitdem als Warenspeicher – er ist der älteste Hamburgs. Das Haus Nummer 37 entstand 1686 und ist das letzte Hamburger Kaufmannshaus, das trotz starker Brandschäden noch vollständig in seiner typischen Bauweise erhalten ist. Im Hinterhaus des Grundstücks Nummer 42 nahm der Große Brand seinen Anfang: Er vernichtete fast die gesamte Hamburger Altstadt. 79 Stunden dauerte die Katastrophe. In dieser Zeit verglühte ein Großteil des Stadtzentrums zwischen Baumwall und Jungfernstieg, übrig blieben 310 Hektar Schutt und Asche. Es herrschte orkanartiger Südwestwind, und auf den Speichern lagerte alles, was gut brennt. Der Dichter Heinrich Heine, in Hamburg oft zu Gast bei seinem Onkel, dem Bankier Salomon Heine, klagte: »Diese Stadt wird bald wieder aufgebaut sein mit neuen gradlinigen Häusern und nach der Schnur gezogenen Straßen; aber es wird doch nicht mehr mein altes Hamburg sein, mein altes, schiefwinkeliges, schlabberiges Hamburg.«

1 *Kaum zu glauben, der Domplatz als Urzelle Hamburgs ist spannend für Historiker.* – 2 *Das Große Feuer ließ hier keinen Stein auf dem anderen.* – 3 *Mahnmal und architektonische Sehenswürdigkeit – die St. Nikolaikirche.*

Bis zum 17. Jahrhundert waren die Bierbrauer das bestimmende Gewerbe Hamburgs. Nach ihnen zogen die Kaufleute in die Deichstraße. Zu dem bislang dominierenden Gebäudetyp der Kaufmannshäuser aus dem 17. Jahrhundert mit Kontor, Speicher und Wohnräumen unter einem Dach kamen jetzt die neuen Etagenhäuser der Zeit nach dem Brand dazu. In ihnen bewohnten die Besitzer die untere Etage, die obere hat man vermietet. Die Kontorhäuser der Wendezeit zum 19. Jahrhundert bilden den dritten Haustyp. Doch Ende des 19. Jahrhunderts waren die Speicher in der Deichstraße der Menge an Waren nicht mehr gewachsen: Eine neue Lösung musste her. Vom Ponton im Nikolaifleet hat man einen malerischen Blick auf das Ensemble der Deichstraßenhäuser und die des Cremon auf der anderen Seite. Gen Elbe ist die Hohe Brücke zu sehen, im Mittelalter Nadelöhr der Schiffe auf dem Weg zum Hafen an der Trostbrücke. Dahinter erhebt sich mit der Speicherstadt die Zukunft.

## Speicherstadt – Wahrzeichen des Handels

Hamburg kleckert nicht, Hamburg klotzt! Der Fortschritt braucht Platz und er schafft Platz. In die zu klein gewordenen Deichstraßenhäuser baute man Kontore – bis auf Weiteres das Ende von Arbeiten und Wohnen unter einem Dach. Für die Lösung der Speicherprobleme aber glänzt Hamburg mit der einschneidendsten städtebaulichen Veränderung seiner bisherigen Geschichte: 1888 gründete man die Speicherstadt! Als Hamburgs Zollfreiheit auf den Freihafen eingeschränkt wurde und die Stadt dem Deutschen Zollverein beitreten musste, baute es sich mit satter Unterstützung des Deutschen Reiches wie zum Trost den größten Lagerhauskomplex der Welt. Lagerhaus? Heute ist diese von Elbkanälen durchflossene Backsteinlandschaft im neugotischen Stil das interessanteste Architekturdenkmal Hamburgs und Weltkulturerbe der UNESCO. Vergessen ist, dass hier vor 1888 ein ansehnliches Wohnviertel der Barockzeit mit 20 000 Bewohnern stand, das man zugunsten des Handels geopfert hat.
Die Hamburger sind eben ein gegenwartsbesessenes Kaufmannsvolk mit eher derbem Sinn für Realität und (nicht nur, weil es sich reimt) Rentabilität. Fortan leuchteten die kupfernen Hauben und Türme dieser Kathedralen des Welthandels als sichtbares Zeichen des festen Glaubens an den Segen von Import und Export, den man hier förmlich riechen kann.
Hamburgs Handel brachte immer mehr große Firmen in die Stadt, die im Hafen und in den Speichern Waren lagerten und verkauften. So stieg der Bedarf an Büroräumen – Kontore, wie die Kaufleute sagten – sprunghaft an. Schon in der Wilhelminischen Ära hatte es nach der verheerenden Choleraepidemie von 1892, die 8600 Tote gefordert hat, im Zuge der Stadtsanierung eine erste Phase des Kon-

1 *Am Holländischen Brook macht traditionelles Gewerbe Platz für Neues.* – 2 *Nachts kommt die Speicherstadt groß raus.* – 3 *Verschiedene Museen zeigen, was die Speicherstadt so erfolgreich machte.* – 4 *Backsteinschloss am Holländischen Brookfleet.* – 5 *Der Name ist Programm: früher Kontorhaus bei St. Annen, heute Restaurant.*

4

5

1

2

torhausbaus gegeben. Damals entstanden Prunkstücke wie der Laeisz-Hof und das Afrika-Haus. Nach dem Ersten Weltkrieg baute man strenger, aber nicht weniger großartig.

## Chilehaus & Co.: die Kontorhäuser

Wie bitte, das sind die Bürohäuser der Vergangenheit? Das wäre doch zu schön, um wahr zu sein! Solche Backsteinpaläste, allein, um darin zu arbeiten? So fragt sich manch Besucher angesichts des Chilehauses, des Sprinkenhofs oder des Montanhofs im Kontorhausviertel. Doch es stimmt: Sie dienten nur einem einzigen Zweck, und das bis heute – und die Büros sind so bedeutend, dass sie irgendwann zum Weltkulturerbe gehören werden.

Von 1900 an kann man von einer Hochkonjunktur des Kontorhauses sprechen. Sie drückt eine veränderte Einstellung gegenüber kaufmännischen Arbeitsplätzen aus. »Die Ansprüche, die der Hamburger Kaufmann an sein Kontor stellt, sind in Bezug auf Licht, Luft, Bequemlichkeit und Ausstattung außerordentlich hoch gestiegen. Heute herrscht im Kontor oft weit mehr Luxus als in der Wohnung; die großen Firmen namentlich wollen nach außen hin glanzvoll auftreten«, hieß es um das Jahr 1914. Noch heute lohnt der Blick in zahlreiche Eingangshallen und Treppenhäuser der rund 300 Kontorbauten, die im Kaiserreich als Visitenkarte für eine gute Hamburger Geschäftsadresse galten. Zwei Generationen vorher schreibt noch verwundert ein Reiseführer von 1861 über die stiefmütterliche Behandlung der vorindustriellen Büro- und Geschäftsräume in der Altstadt: »Wie schon bemerkt, sind diese Gegenden ein Hauptsitz des Großhandels. Die Comptoirs sind zum Teil so düster gelegen, dass die Gasflamme nie ausgehen darf, und der Fremde ahnt wohl oft nicht, dass hier die Handelsfäden gesponnen werden, die ihr Netz über den Ozean ziehen.«

Was war also passiert? Was hat einen solchen Meinungswechsel herbeigeführt? Durch den Wirtschaftsaufschwung in den 80er-Jahren des 19. Jahrhunderts stieg der Warenumschlag rasant an, was wiederum dazu führte, dass man in Hamburg die ersten reinen Kontorhäuser baute. In ihnen konnte man einzelne Kontore (Comptoirs) mieten. Nach und nach verdrängten die Kontorhäuser die Wohnhäuser und prägten das Stadtbild.

»Importiert« wurde dieser Bautyp aus London: Der Hamburger Kaufmann Heinrich von Ohlendorff hatte dort die modernen Kontorhäuser gesehen und war von ihnen stark beeindruckt. Nach ihrem Vorbild errichtete er 1884 in der Brandstwiete für damals 1,5 Millionen Mark den Dovenhof (mittlerweile abgerissen). Schnell wurde das ebenso repräsentative wie zweckmäßige Haus zum Maßstab für weitere Bauten.

Die Architektur der Kontorhäuser war relativ einheitlich: Die horizontal dreigeteilten Fassaden schmückten historische Jugendstil- oder Heimatstilelemente. Als besonders schick galt es, die Fassaden mit Keramik zu verkleiden. In der Regel hat man hierfür jedoch Sand- oder Tuffstein und später Backstein verwendet. Große Fensterflächen sorgten in den zahlreichen Büros für ausreichend Licht.

Das Chilehaus mit 36 000 Quadratmetern Nutzfläche hat 2800 gleiche Fenster. Die Entwürfe gefielen zunächst weder dem Bauherrn noch der Fassadenkommission, da sie ihnen als zu eintönig erschienen. Die Auflockerung der Dachkonstruktion mit Staffelgeschossen, die die Straßen-

1 *Der Zweck heiligt die Mittel mal anders – das Chilehaus.* – 2 *Tee ist »in« – in Hamburg schon immer, jetzt im Wasserschloss und im Momentum.* – 3 *Klaus Störtebeker – er schützte Hamburg. Zum Schluss lief er ohne Kopf.*

schluchten nach oben öffnen, empfand der Bauherr wiederum als zu neumodisch. Doch das Haus, Wegweiser des Klinkerexpressionismus und 1999 unter Denkmalschutz gestellt, wurde von 1922 bis 1924 genauso gebaut. Sein Architekt Höger schreibt: »Erwähnt sei noch, dass ich für die Fronten des Chilehauses ausgerechnet Ausschussklinker wählte, die sonst normalerweise allenfalls für Schweineställe gut genug gehalten würden. Mir

aber waren diese deformierten Brocken für meinen Riesenbau gerade so gut, nur durch ihre natürliche Knupprigkeit, so wie sie durch höchste Feuersglut wurden, waren sie mir lieb, nur ihnen verdanke ich einen Großteil der Wirkung des Riesenbaus, durch sie erhielt der Bau seine Beschwingtheit und nahm dem Riesen seine Erdenschwere.«

Vom Burchardplatz ergibt sich der beste Eindruck der massiven Bauten, die einen genaueren Blick lohnen. Der dreiteilige Sprinkenhof zwischen Burchardstraße und Altstädter Straße ist ein mit Zierleisten und Keramiksteinen geschmückter großer Klinkerwürfel mit runden Anbauten. Er wurde von Fritz Höger und den Architekten H. & O. Gerson entworfen (1927–1930). Zeitweise war es das größte europäische Kontorhaus. Das Rautennetzmotiv der Fassade hatten die Brüder Gerson ursprünglich 1921 für eine Heldengedächtniskapelle auf dem Ohlsdorfer Friedhof entworfen. Sehenswert auch der expressionistische Meßberghof (ursprünglich Ballinhaus), Ecke Meßberg/Pumpen. Der hohe, dennoch aber gedrungen wirkende Klinkerbau wurde 1924 von H. & O. Gerson entworfen, der Figurenschmuck stammt vom Berliner Bildhauer Lothar Fischer. Einen Blick wert sind zudem der Mohlenhof (1928) am Burchardplatz und der Montanhof (1924–1926) an der Ecke Niedernstraße und Kattreppel.

Eindrucksvollstes Beispiel: das 1924 vollendete Chilehaus des »Backsteinfürsten« Fritz Höger. Er baute das Haus für den Reeder und Salpeter-Importeuer Henry B. Sloman. Es ist aus dunklem Ziegel gemauert und erinnert an einen Schiffsbug. Das Chilehaus ist mit Sicherheit die Schönheitskönigin unter Hamburgs Bauwerken, eine gemauerte Woge, hochkant zwischen die Kontorhäuser gestellt.

## Aufbruch in die Zukunft

Von der Hohen Brücke aus kann man die Speicherstadt betrachten und auf die modernen Containerkais im Westen blicken. Wenige Kilometer liegen zwischen dem verschwundenen ersten Hafen und dem modernsten und größten, der nicht zu übersehen ist. Früher begrenzte die Größe der Brücken die Durchfahrt der Schiffe. Heute kommen die Giganten mit bis zu 16 000 Containern an Bord nur noch gerade auf der Flutwelle in den Hafen. Am 12.12.2012 besuchte das bis dahin größte Containerschiff der Welt, die »CAM Marco Polo« – mit einer Länge von 396 Metern und einer Breite von 54 Metern größer als ein Flugzugträger – Hamburg. Besser, sie sind nicht voll beladen, sonst kratzen sie am Elbtunnel. Anfangs war alles unter einem Dach, heute ist kein Dach groß genug. Und auch nicht nötig, denn die revolutionären Stahlboxen sind sich selbst genug: Verpackung und Raum zugleich. Alles, was sie brauchen, ist Fläche und Logistik.

Container haben die Speicherstadt überflüssig gemacht. Roter Backstein, Kupferdächer, der Geruch von Kaffee, Tee und Gewürzen auf alten Holzböden prägten noch immer die Vorstellung von der Backsteinwelt auf Eichenpfählen. Noch ist es das größte Teppichlager der Welt. Aber

1 *Zwei Elefanten aus Bronze bewachen den Eingang des Afrika-Hauses.* – 2 *Ein Haus wie ein Schiffsbug, der Architekt Höger ließ fünf Millionen Backsteine für den »Ozeanriesen« verbauen.*

2

1

seit die Speicherstadt 2003 aus der Freihafenzone entlassen wurde, der Freihafen 2013 gänzlich aufgelöst wurde, ist bereits mehr als ein Drittel der Lagerfläche zweckentfremdet, für Kultur, Büros, Gastronomie, Kunst, Mode und Wohnen. Der Komplex schlägt eine Brücke zwischen Vergangenheit und Zukunft, zwischen Innenstadt und Hafen-City. Früher lag die Speicherstadt hinter einer Grenze in der Stadt, heute wird sie zum offenen Viertel.

## Die Hafen-City – wohnen und leben am Wasser

Am Sandtorkai findet sich eine letzte Nahtstelle der Epochen. Im Norden die Speicherstadt, gegenüber entsteht die Hafen-City, das Quartier der Zukunft, das die wachsende Stadt Hamburg prägen soll. Wie Jahresringe stehen fertige Gebäude neben halb fertigen. Hatten die Bewohner anfangs den uneingeschränkten Blick über den Sandtorhafen auf die Norderelbe, so ist das mit der Fertigstellung der illustren Häuserreihe am Kaiserkai Vergangenheit. Weiter östlich, jenseits des Kraftwerks, fällt der Blick auf Baustellen und Grundstücke, über denen sich erst in ein paar Jahren die Kräne drehen werden. Seit 2013 ist die Unversität in der Hafen-City angekommen. Noch ist ringsum Ödland: Kais werden neu gebaut, Flächen bebaubar gemacht, alte Industriebauten gesprengt – und auf ein Mal ist der Blick frei auf die östliche Grenze des Projektes: Die Bögen der Elbbrücken! Wahnsinn! Noch so viele Kilometer Luftlinie, noch so viele Jahre, aber auch: Noch so viel Mut und Ausdauer.

Neue Mieter aus den alten Speichern treffen auf erste Bewohner der Hafen-City-Häuser. Mit der Hafen-City wird kein neues Viertel geschaffen, die Innenstadt öffnet sich vielmehr zur Elbe. Hier wächst Hamburg auf den wertvollsten und attraktivsten Flächen, die eine Millionenstadt hat: in direkter Nachbarschaft zur City, fußläufig zum Rathaus, wie die Hamburger sagen. Das ist ihr Maßstab, mehr darf es nicht sein. Und dann noch am Wasser – mehr geht nicht. 155 Hektar neuen Raumes zu Lande und zu Wasser erschließt Hamburg, Platz für 5500 Wohnungen mit 12 000 Bewohnern und Raum für 40 000 Arbeitsplätze. Wohnen und Arbeiten unter einem Dach wird hier Wirklichkeit. Dazu kommt ein reiches Angebot an Kultur- und Freizeiteinrichtungen. Eine Schule gibt es auch schon.

Es ist das ambitionierteste und ungewöhnlichste Stadtentwicklungsprojekt Europas, mit dem die City um 40 Prozent wächst. Bei so viel Wassergrundstücken kriegen selbst Landratten auf dem Balkon Fernweh. Im Kesselhaus, früher Energiezentrale der Speicherstadt, kann man die Vision im Modell und im Fortgang betrachten. Im Sandtorhafen, Hamburgs ältestem Hafenbecken von 1866, liegen mittlerweile wieder Schiffe: Juwele aus der maritimen Historie Hamburgs glänzen hier im Traditionsschiffhafen.

2

3

4

1 *Der angemessene Platz für die größte Modellschiffssammlung der Welt – im Maritimen Museum.* – 2 *Durch das Brookfleet in die Wunderwelt des Backsteins.* – 3 *Alles, was schwimmt, ist im Maritimen Museum zu sehen. Ein Haus der Extraklasse.* – 4 *Das neue Verlagshaus des SPIEGEL kommt einem irgendwie bekannt vor.*

CHINA SHIPPING

*Je höher, desto teurer!, so die Devise im Hochpreissegment der Hafen-City. Der Blick über die neue und die alte Stadt entschädigt für alles.*

1

2

1 *Im Übersee-Quartier der Hafen-City aufzufallen, erfordert schon einiges.* – 2 *Die Anwohner des Kaiserkais werden es nicht weit zur Philharmonie haben – irgendwann.* – 3 *Die neue U-Bahn ist schon in der Hafen-City angekommen – noch fehlt der Bedarf.* – 4 *Hochwassersicher auf Stelzen gebaut: Am Sandtorkai wächst die Hafen-City.* – 5 *Pionier der neuen Architektur an markanter Stelle: das Hanseatic Trade Center als Riesenspiegel.*

Queen Mary 2
SOUTHAMPTON
GROSSE

# Landungsbrücken: Nimm mich mit, Kapitän, in die Ferne!

Der Hamburger Hafenrand zwischen der Speicherstadt und dem Alten Elbtunnel ist neben dem Brandenburger Tor in Berlin der meistbesuchte Ort Deutschlands. Hafenrand? Wie nüchtern das klingt, wo doch der Wind würzig riecht, die Möwen schreien, Containerriesen zum Greifen nahe sind und die weite Welt nirgendwo näher ist als hier.

*Die Landungsbrücken, die Docks und Werften liebten die Hamburger schon immer. Platz für alle Cunard-Schiffe wie die »Queen Mary« ist aber auch noch da.*

# Wo die Herzen höherschlagen

## Vorsetzen – Auswandererstadt – Michel – Alter Elbtunnel

Die Stadt mit dem östlichsten Atlantik- und dem westlichsten Ostseehafen zieht jeden in seinen Bann. Und wenn dann noch ein Gigant von Passagierdampfer aus dem Morgengrauen auftaucht und beim Drehen im Elbstrom mit seinem Heck fast die Würstchen- und Fischbrötchenbuden abrasiert, dann ist man gleichermaßen elektrisiert wie andächtig still. Der Hafen war nach Siegfried Lenz von alters her der Stolz der großen Stadt, ihr Ruhm, ihre Schatzkammer. »Mit dem Hafen war verbunden, was Tradition hatte in der Stadt,

was hier galt und bedeutend war, und der Hafen war sehenswert, ohne Zweifel. Ihn konnte man jederzeit vorweisen, er war ein rechtes Schaustück, ein bewegtes Panorama des Umsatzes, er war das Lieblingsgebiet der Stadt, er war ihre Geschichte und er war auch ihr Geist.«

Zur Linken, oder seemännisch backbords, liegt die Speicherstadt, vor deren Spitze Kehrwiederhöft der Hafen glänzt. Südlich der historischen Hafenpolizeiwache Nummer 2 liegt das Sandtorhöft. Von dort bietet sich mit der Fähre 62 als öffentlichem Verkehrsmittel eine Hafenrundfahrt nach Finkenwerder an. Direkt unterhalb der Promenade beginnt der Hafen, voller Boote und Schiffe aller Art und Größe und jeden Alters. Festgemacht an Piers und Pontons, oder geschäftig und auf den ersten Blick scheinbar ohne Plan herumwuselnd auf dem Fluss, der den Westen Hamburgs bestimmt. Auf ihr, der Elbe, einer gewaltigen Ausfallstraße in Richtung Meer, fließt Gewinn in die Stadt. Von der maritimen Promenade, die hoch wie ein Deich die schwimmende Erlebniswelt begleitet und anfangs Baumwall heißt, sind die hochseetüchtigen Wahrzeichen Hamburgs zu sehen. Hier ein Feuerschiff, dort ein Bananenfrachter namens »Cap San Diego« und dann der knallgrüne Großsegler, die »Rickmer Rickmers«. Alle sind sie von privaten Förderern vor dem Abwracken gerettete Stücke Hamburger Geschichte. Immer wieder ortet man irgendwo auf der Welt schwimmende oder gesunkene Zeitzeugen, die dann zur Restaurierung heimgebracht werden.

### Die Lieblinge der Hamburger: Schiffe aller Art

Eines der vielleicht schönsten jemals gebauten Frachtschiffe, die »Cap San Diego«, entstand in der Deutschen Werft in Hamburg. Ihre elegante, fast jachtartige Form brachte den Schiffen der Hamburg-Südamerikanischen Dampfschifffahrtsgesellschaft den Namen »Weiße Schwäne des Südatlantiks« ein. Im Baujahr des Schiffes, 1962, schrieb der in Hamburg lebende Siegfried Lenz: »Die neuen Schiffe waren groß, man konnte erschrecken angesichts ihrer Größe: Als triebe ein Kontinent vorbei, ein ganzer, fahrbarer Erdteil mit Schätzen, die ganze Herrlichkeit der Welt ruhte in ihren erschreckend großen Bäuchen.« Nur 24 Jahre dauerte es, bis das Zeitalter der Containerschiffe das Schmuckstück abwrackreif machte. Was würde der Dichter über die schwimmenden Riesen von heute schreiben, die mit ihrer Ladung von 16 000 oder demnächst bald 18 000 Containern nur auf der Flutwelle aufschwimmend noch in den Hafen gleiten können?

Der Boulevard heißt jetzt Vorsetzen. Die ratternde U 3, die hier auf ihrer Fahrt durch die Stadt auf Stelzen statt durch

1 *Kreuzfahrtschiffe sind gern gesehene Gäste in Hamburg, und es kommen immer mehr.* – 2 *Ein »Who is who?« der Großsegler ist der Hafengeburtstag, das Volksfest am Wasser.* – 3 *In der Fischauktionshalle wird schon lange kein Fisch mehr gehandelt.*

2

3

RICKMER RICKMERS

Tunnel fährt und einen besonderen Blick auf den Hafen gewährt, begleitet ihn. Hinter ihr liegt das quirlige Portugiesenviertel, in dem Fischrestaurants und Cafés um die Wette aus dem Boden wachsen. Hier war bis 1887 noch keine Kaianlage, die Seeschiffe lagen an Duckdalben im Strom. Leichter und Schuten waren eine arbeitsaufwendige Zwischenstation auf dem Weg der Güter vom Schiff in die Speicher. Rund 400 Liegeplätze für Großsegler hatte Hamburgs Niederhafen zu jener Zeit. »Ein paar tausend Bäume, verarbeitet zu Masten, Stengen und Rahen, sind hier zusammen – wirklich ein Mastenwald aus den Hölzern der Bäume Fünens, der Anden, der Rocky Mountains«, heißt es in einem alten Hafenbuch.

## Warten in Ballin Stadt

Zwischen 1850 und 1934 verließen fünf Millionen Auswanderer Europa über den Hamburger Hafen. Oft wochenlang mussten sie auf ihr Schiff warten. Auf der Veddel errichtete deshalb Albert Ballin für europäische Emigranten die »Auswandererstadt«. Jetzt, mehr als 100 Jahre nach ihrer Entstehung, hat man sie in Teilen wiedererrichtet und zu einem Museumskomplex im Hamburger Hafen ausgebaut: Drei Pavillons der Auswandererstadt wurden nach Originalplänen wieder aufgebaut. In ihnen können die Besucher die Reise der Auswanderer von ihren europäischen Heimatländern bis in die »Neue Welt« nacherleben. Die Schiffslisten sind im Hamburger Staatsarchiv erhalten, digitalisiert und können online zur Ahnenforschung herangezogen werden.

Heute ist der Hafen eher eine Landschaft aus Wasser, Beton und Stahl. Wasser, träge und bleifarben, ist in immer mehr Zonen das letzte Stück Natur. Barkassen und Dampfer, die Hafenrundfahrten anbieten, drängeln sich an den Landungsbrücken. Der holländische Reisende und Schriftsteller Cees Noteboom meint, dass es sich nicht beweisen lasse, er aber trotzdem daran glaube: An manchen Orten der Erde erhält auf geheimnisvolle Weise die eigene Ankunft oder Abreise eine besondere Intensität durch die Empfindungen all jener, die hier früher angekommen oder abgereist sind. Das lässt sich an den Landungsbrücken überprüfen, auch wenn man nach zwei Stunden wieder da ist. Hunderttausende haben ein paarmal im Jahr ähnliche Gefühle – durch den bloßen Anblick eines Schiffes, der Königin der Meere. Hunderttausende »Sehleute«, zwischen Überseebrücke und Kreuzfahrtterminal stehend, kriegen dann ebenso Gänsehaut und Tränen in die Augen wie die Passagiere der »Queen Elizabeth«. Hamburg liebt seine Schiffe und rüstet jeden mit Fähnchen aus, der gleichzeitig mit Union Jack und Bundesflagge winken möchte. Und gesungen wird, was die Kehlen hergeben. Auf dem Grasbrook, am Cruise-Center, ist der größte Chor der Stadt textmäßig gut gerüstet, nachdem die lokalen Medien die Lieblingsstücke haben wählen lassen. »Nimm mich mit, Kapitän, auf die Reise!« war die Sehnsuchtsnummer eins in diesem Jahr, gefolgt von »In Hamburg sagt man Tschüs!« und »Rolling home«. Da sage noch jemand den Hamburgern Kühle und Reserviertheit nach. Und warten auf den nur einmal im Jahr stattfindenden Hafengeburtstag, um zu feiern? Was würde man da verpassen!

2

Der 19.7.2004 gilt als Erweckungsdatum der Kreuzfahrtverrücktheit in Hamburg. Die »Queen Mary II« der Cunard Line, die damals begrüßt wurde, wirkte als Turbo für Hamburgs Entwicklung von einem Kreuzfahrthafen unter vielen in Nordeuropa zu der Destination schlechthin: Die Zahl der Schiffsbesuche hat sich von anfänglich 20 auf nun 160 im Jahr

1 *Für den Laien ein Labyrinth aus Tauen und Holz, für die Matrosen ein anspruchsvoller Arbeitsplatz voller Gefahren.* – 2 *Wieso verreisen? Im Portugiesenviertel gleich hinter dem Binnenhafen taucht man in eine andere Welt ein.*

gesteigert, die der Passagiere liegt bei 430 000 im Jahr. So hat die Begeisterung der Schiffsfans an Kais, auf Brücken und Stränden etwas bewirkt: Die englische Reederei Cunard lässt ihre stählernen Schmuckstücke jetzt jedes Jahr wenigstens zehn Mal Hamburg anlaufen. Geht doch!

## Mit voller Fahrt voraus

Ob die meistbesuchte Baustelle der Stadt in der Hafen-City eine Seele hat, darüber streiten die Besucher, die Bewohner weniger. Wenn sie eine hat, dann mit Sicherheit eine andere als die der traditionellen Wohnviertel. Und Bäume gibt es auch nur wenige – hier möchten manche nicht mal Hund sein. Immer mehr Bewohnern der schicken Häuser an den Fleeten, Häfen und Terrassen ist das alles egal: Sie wohnen in Wohnungen, die schon auf dem Reißbrett der Architekten verkauft waren, die Quadratmeterpreise sprengen alle Vorstellungen, aber wo ist das Problem? Aber dass die Hamburger und Hunderttausende Touristen immer zahlreicher und immer wiederkommen, um sich anzusehen, was da entsteht, ist doch ein gutes Zeichen. Seit 2013 ist auch die Anbindung der Hafen-City an das U- und S-Bahnnetz der Stadt vollendet. Riesige Terminals unterhalb des Hafenbodens verdeutlichen die Dimensionen, in denen hier gedacht wird: klotzen, nicht kleckern!

Europas größte Baustelle konnte hier am Rand der Norderelbe entstehen, weil Hamburg mit der Vision von einer wachsenden Stadt ungeahnte Kräfte freigesetzt hat. Dinge möglich zu machen, die man anderswo für unmöglich hält, ist typisch hamburgisch – wenn es sich rechnet. Das verbindet Hamburg seit 20 Jahren mit seiner Partnerstadt Shanghai. »Stadt ohne Träume« wird dieses genannt, dafür aber gilt sie als Stadt mit genauem Plan für die Zukunft, an deren architektonischer Umsetzung an prominenter Stelle Hamburger Architekten mitarbeiten. So hat Meinhard von Gerkan den Entwurf für die neue Hafenstadt »Lingang New City« abgeliefert. Die Stadt entsteht ca. 60 Kilometer von Shanghai entfernt und soll 2020 fertig sein. Nach fast völliger Zerstörung im Zweiten Weltkrieg ist der Hafen heute wieder eine Erfolgsstory mit neuen Darstellern: 70 Prozent aller Arbeitsplätze im Hafen haben mit Containern zu tun. Die Terminals boomen mit stetigen Umschlagsrekorden, die universelle Transportbox schafft Arbeitsplätze und braucht Platz. In 20 Jahren hat sich die Größe der Schiffe verdoppelt, für Kaianlagen und Logistikflächen frisst der Hafen Land und Dörfer. Um weiter die Giganten empfangen zu können, muss die Elbe weiter vertieft werden. Zwar werden keine großen Schiffe mehr gebaut wie früher, dafür ist der Hafen für

1 *»He lücht!«, heißt sein Kollege, der den Hafen erklärt. Die Preise für die Hafenrundfahrttickets sind wahr.* – 2 *Die Galionsfigur zeigt den Namensgeber des Seglers, den damals vierjährigen Enkel des Werftgründers.* – 3 *Die Masten der »Rickmer Rickmers« sind 50 Meter hoch, die Arbeit da oben ist etwas für Mutige.* – 4 *Ein Schiff aus Glas und Stahl, Teheranis maritime Baukunst des Docklands.* – 5 *Neubauten kommen heute aus Fernost. Für Service und Umbau der Superstars unter den Kreuzfahrtschiffen sind Hamburgs Werften top.*

4

5

1

2

immer mehr Kreuzfahrtschiffe aus aller Welt beliebter Anlaufpunkt geworden.

## »Ich bin ein Bauherr!«

Die Schwimm- und Trockendocks wirken sogar noch vom Michel aus riesig. Immer wieder staunt man, wenn sich die stählernen Rümpfe für eine Weile von ihrem Element trennen. Der 132 Meter hohe Kirchturm der Michaeliskirche bietet auch einen Blick auf den zukünftigen Ort eines weiteren Wahrzeichen Hamburgs: Auf dem Kaispeicher A am Kaiserhöft, lange ein einsamer Backsteinklotz aus den 1960er-Jahren, entsteht die Elbphilharmonie, ein kulturelles und städtebauliches Leuchtturmprojekt. Klassische Musikkultur, Musik des 21. Jahrhunderts und anspruchsvolle Unterhaltungsmusik sollen hier eine fantastische Bühne bekommen. Eine spektakuläre Wellenlandschaft wird das Dach von zwei Sälen auf dem bestehenden Speicher bilden.
Hamburg ist gespannt, wie die »Freiheitsstatue« des hanseatischen Bürgertums mal aussehen und klingen wird. Die Geduld ist extrem strapaziert: Acht Jahre Verzögerung (bis jetzt!) und eine Explosion der Kosten auf rund 800 Millionen Euro (bis jetzt!) von anfangs 130 Millionen macht viele sauer. Der Galgenhumor ist sicher, dass die Milliarde geknackt wird.
Einen großen Teil der ursprünglichen Bausumme finanziert nicht der Staat, sondern Gönner und Mäzene durch Spenden. Das hat Tradition in Hamburg und geht von 20 Millionen bis zu zehn Euro (für die Bekenntnis-Anstecknadel »Ich bin ein Bauherr!«). Gegen so viel Ungereimtheiten und Ärgernisse beim Bau kann man aber gar nicht genug spenden, das bezahlt jetzt die Stadt – also alle Bürger.

## Inszenierungen unter und über der Erde

Am Alten Elbtunnel enden die Landungsbrücken. Hier geht's abwärts bis auf drei Meter unter der Stromsohle – näher kommt man den Schiffen nicht. Der Weg nach Steinwerder lohnt sich wegen des Blicks. Die Fahrt in die Tiefe besorgt ein Aufzug, dann geht's in die 450 Meter lange Röhre. Ihre historische Kachelung, verblüffend schön, zeugt von einer Zeit, die sich bis ins Detail Mühe gab. Zur Entlastung des Fährverkehrs für die Hafenarbeiter Anfang des 20. Jahrhunderts gebaut, ist der Tunnel heute ein lebendiges Baudenkmal. Er erfüllt noch seine Aufgabe, aber man benutzt ihn inzwischen auch für Theateraufführungen und Konzerte.
Das Dockland an der Van-der-Smissenstraße im ehemaligen Fischereihafengelände ist das auffälligste Zeichen für den Einzug der Zukunft in dieses Stück Hafen. Wie ein Schiffsbug ragt eines der spektakulärsten Bürogebäude über die Wasseroberfläche der Elbe. »Perlenkette« nennt man die neue Bebauung dieses Hafenquartiers: funkelnde, preisgekrönte Architektur aus Stahl und Glas dicht nebeneinander direkt am Wasser. Nähert man sich Hamburg von der Nordsee her, hat das Uferpanorama von früher mit dem Michel als höchstem Gebäude mit dem von heute kaum etwas gemeinsam: Hotels und Bürotürme dicht an dicht. Nicht nur Traditionalisten geht das zu weit.

3

Hinter der alten Fassade einer Malzfabrik verbirgt sich an der Großen Elbstraße das Gesamtkunstwerk namens Stilwerk. Hier hat der Geschmack der internationalen Designer-Elite ein angemessenes Zuhause bekommen. Beach-Clubs laden vor der Tür der Fisch-Schlemmermeile in ihre Liegestühle ein, Musik-Clubs entstehen und vergehen so regelmäßig wie Ebbe und Flut kommen und gehen. Der Hafen lebt.

1 *Der Michel überragt sie alle. So viel Respekt verdient Hamburgs Wahrzeichen aber auch.* – 2 *Als die neue Orgel im Michel zum ersten Mal erklang, hielt die Stadt den Atem an.* – 3 *Der Turmbläser auf dem Michel spielt in 130 Metern Höhe.*

1

2

1 *So viel Vergnügen schlaucht – der Hafengeburtstag verlangt vollen Einsatz.* – 2 *Wer auf dem Wasser nicht seekrank wird, der hat an Land auch noch Möglichkeiten.* – 3 *Beach-Clubs sind der Sommerhit an der Großen Elbstraße: Wo wir sind, ist Strand!* – 4 *Hafengeburtstag bedeutet Ausnahmezustand zwischen Baumwall und Övelgönne.* – 5 *Im Wechsel der Gezeiten stabil und sicher: Auf den Pontons der Landungsbrücken.*

# Das Umland: die schönen Dörfer der Stadt

Mindestens zweimal im Jahr zieht es die Hamburger hinaus aufs Land: einmal im Frühjahr zur Kirsch- und Apfelblüte ins Alte Land. Und einmal im Herbst, um sich mit Äpfeln und Apfelsaft zu versorgen und die Erntedankfeste zu genießen. Von Cranz bis Curslack, von Altenwerder bis Kirchwerder – hinter den Deichen sind die Fachwerkdörfer der Obst- und Gemüsebauern die letzten ländlichen Refugien der Metropole.

*Der Aufstieg lohnt sich! Nicht nur der Blick vom Süllberg, auch die Reetdachhäuschen von Blankenese sind jede Anstrengung wert.*

# Hamburgs ländliches Gesicht

## Vierlande – Marschlande – Altes Land – Blankenese

Deiche, ein endloser Himmel, Kopfsteinpflaster, Wasserläufe, von Schilf umstandene Brackseen, reetgedeckte Bauernhäuser und weite Felder – Vier- und Marschlande heißt die fruchtbare Niederung zwischen Elbe und Geest im Südosten Hamburgs. Marschen sind durch Anschwemmungen und Ablagerungen gebildete Landflächen, die man durch Eindeichungen entwässert hat. Hier ist der große Nutzgarten Hamburgs, hier und im Alten Land im Südwesten liegen die Dörfer der Millionenstadt. In ihren Reihendörfern an den Deichstraßen bewegen sich die Großstädter langsamer. Das entspricht auch besser der Umgebung: Nur so verpassen sie nicht die Details der Anblicke, etwa die spitzen oder gedrungenen Türme der alten Kirchen, die grünen Linden vor weißem Fachwerk oder was sich auf den Wasserwegen tut. Und immer wieder locken Stände mit allem, was die Gärten gerade hervorbringen.

1

### Tradition und Brauchtum in den Vierlanden

Alt bedeutet hier draußen richtig alt. Curslack fand schon 1217 Erwähnung. Die Kirche St. Johannis im Ortskern ist ein Fachwerkbau von 1599, den man 1802 kreuzförmig erweitert hat. Im Kircheninneren steht meergrünes Gestühl aus dem 17. und 18. Jahrhundert – ein Ort zur inneren Einkehr und des ästhetischen Genusses. An den Männerbänken sieht man eine Besonderheit der hiesigen Kirchen: kunstvoll geschmiedete Hutständer aus dem 18. und 19. Jahrhundert. Ob für die großrandigen Hüte oder für Riechsäckchen, damit die Bauern der Predigt im wachen Zustand folgen konnten, wer weiß. Den Curslacker Deich spicken alte Fachwerkhäuser. Besonders die Nummer 136, der Grashof mit bäuerlicher Kunst und einer Kneipe, besticht. Zu den ältesten und wertvollsten Vierlander Bauernhöfen zählt das Hufnerhaus Rieck, Nummer 284, in dem das Vierländer Freilichtmuseum beherbergt ist. Die riesige hölzerne Holzspindel im Garten erinnert deutlich daran, dass man diese Gegend dem Wasser abgerungen hat.

Neuengamme, zwischen den Altwässern Dove Elbe und Gose Elbe, ist dank der Bodenqualität der reichste Ort der Vierlande, wie der Schmuck der Bauernhäuser und die Ausstattung der Kirche demonstrieren. Hier baut man seit dem 17. Jahrhundert Gemüse an. Lange wurden die Märkte Hamburgs per Boot beliefert, und bis heute sind die Anwesen mit ihrer eigenen Wasserfront herrlich anzusehen. Eine Johanniskirche gibt's auch, ein Feldsteinbau aus dem 13. Jahrhundert. Bereits 1316 war das Dorf so groß, dass der erste Pastor einziehen konnte. Im Jahr 1634 wurde in die Kirche eine Orgel eingebaut und zwischen 1801 und 1803 wurde ein Holzgewölbe eingezogen. Ebenfalls typisch für die Gegend ist der kleine Fachwerkanbau auf der Stirnseite, das sogenannte »Brauthaus« von 1619.

Als eine der schönsten Dorfkirchen Norddeutschlands gilt St. Nikolai weiter elbaufwärts in Altengamme gleich hinter dem Deich. Auf Tradition legte man hier schon Wert, bevor sie zur Touristenattraktion wurde, beispielsweise in Form der Festumzüge zum Erntedankfest. Besonders die Gemeinde Kirchwerder mit ihrer St.-Severini-Kirche weiß dieses Fest in ihrer althergebrachten Art zu feiern – ein Halloween-Spektakel, zu dem dieser Tag zunehmend

1 *Zeitreise in den Vierlanden. In der bäuerlichen Kachelstube lässt es sich aushalten.* –
2 *Platz für Abenteuer vor den Toren der Stadt bieten die Vier- und Marschlande.* –
3 *Die schönsten Bauernhäuser hat Curslack. Blumen und Gemüse sind vom Feinsten.*

2

3

1

2

mutiert, wäre undenkbar. Erntedank ist Dankeszeit, das weiß man hier.

## Grüne Idyllen

In Bergedorf beherbergt das Wasserschloss das Museum für Bergedorf und die Vierlande. Es stammt aus dem frühen 13. Jahrhundert, die Verteidigungswälle und -gräben hat man aber im 19. Jahrhundert in einen Park umgewandelt. Drinnen gibt's viel Wohnkultur, Landherrenzimmer mit reichem Intarsienschmuck etwa. Neben dem Leuchtturm von Neuwerk gilt das Fachwerkhaus am Sachsentor 2 als der älteste erhaltene Profanbau Hamburgs. Das um 1550 erbaute Eckhaus zieren reiche Schnitzornamente.
Bergedorf glänzt mit einem wunderschönen Rathaus in einer früheren Kaufmannsvilla. Vergoldete Stuckatur und schmiedeeiserne Geländer lassen vergangene Pracht erahnen. In der Wentorfer Straße 38 stößt man auf Hamburgs einzigen erhaltenen Art-déco-Garten. Doch der zweitwichtigste Platz Bergedorfs befindet sich an der Elbe: Zollenspieker liegt einer Befestigung gleich über dem Strom. Es ist eines der ältesten Hamburger Kulturdenkmäler. Von der Terrasse sieht man auf unberührte Elbauen und Naturschutzgebiete. Sie gehört mit den Blankeneser Baumterrassen zu Hamburgs Gartenjuwelen. Motorradfahrer genießen den kurvenreichen Weg über die Deiche bis hier, von wo aus man mit der Fähre nach Niedersachsen übersetzen kann.

## Obst aus dem Alten Land

Das Alte Land im Südwesten zählt zu den schönsten Gegenden Deutschlands. Strittig ist wohl nur, wann es dort am allerschönsten ist: im Frühjahr, besonders im Mai, wenn hier Millionen Obstbäume in voller Blüte stehen und das Alte Land von einem rosa-weißen Schimmer eingehüllt ist. Oder im Sommer und Spätsommer, wenn es leckere Kirschen, Äpfel, Birnen oder Pflaumen zu kaufen gibt. Viele lieben das Gebiet auch im Herbst und in der kalten Jahreszeit, wenn jenseits der Deiche die Elbe ihre raue Seite zeigt und die wunderschönen Fachwerkhäuser heimelige Wärme ausstrahlen.
Rund 30 Kilometer lang und bis zu sieben Kilometer breit ist der Marschgürtel, der sich am Südufer der Elbe bis Stade erstreckt. Das von Flüssen und Entwässerungsgräben durchzogene Gelände ist das nördlichste geschlossene Obstanbaugebiet der Erde. Holländische Einwanderer besiedelten es im 13. Jahrhundert; ihrer Deichbaukunst verdankt das Land alles. Auch Brücken wie die Hogendieckbrücke erinnern an Holland. Von Wohlstand zeugen die stattlichen Altländer Bauernhäuser mit ihren kunstvoll gezimmerten und verzierten Prunkpforten. Einige der alten Bauernhäuser besitzen noch heute eine mit Ornamenten verzierte Tür, die sogenannte Brauttür: Sie kann nur von innen geöffnet werden, und dies geschieht nur zu besonderen Anlässen wie Hochzeiten oder Beerdigungen.

3

4

5

1 *Nur eine Scheune? So ein Fachwerkhaus zeugt vom Wohlstand der Bauern.* – 2 *Das Bergedorfer Schloss wartet darauf, entdeckt zu werden.* – 3 *Mehr als 1000 Apfelsorten gab es einmal. Viele alte Sorten kehren zurück.* – 4 *Traditioneller Obstverkauf im Alten Land.* – 5 *Hamburgs östlichster Bezirk, Bergedorf, hat das schönste Rathaus.*

In Neuenfelde lohnt ein Besuch der barocken Kirche St. Pankratius mit einem Kanzelaltar von 1688 und einer schönen Orgel von Arp Schnittger (1648–1719). Er hatte hier einen Bauernhof und liegt in der Kirche begraben. Im kleinen Jork, im Zentrum des Alten Land, lockt neben alten Bauernhäusern und einem schönen Rathaus eine kleine Barockkirche (1709), in der Gotthold Ephraim Lessing im Jahr 1776 geheiratet hat.
Das Rad ist das beste Fortbewegungsmittel im Alten Land. Über Jork durch das Guderhandviertel nach Steinkirchen, dann über Grünendeich und Hollern nach Stade – schöner geht's nicht!

1

## Hamburgs schönster Vorort: Blankenese

Welten trennen auch Blankenese ganz im Westen von Hamburg. Eine Beschreibung aus dem Baedeker von 1951 hat noch heute Gültigkeit: »Der anmutigste Punkt an der Unterelbe. Die Häuser steigen in einer an südliche Landschaften erinnernden Enge und in heiterem Durcheinander zu den waldigen Höhen empor.«
Dank dieser Lage am Südhang des Geestrückens, der alten Fischerhäuser und der noblen Villen gilt Blankenese als schönster Vorort Hamburgs. jahrhundertelang lebten hier Fischer, Lotsen und Kapitäne in weiß getünchten Backsteinhäusern am Elbufer. Viele kleinere Fischerhäuser aus dem 18. Jahrhundert sind im alten Ortskern noch erhalten. Sie sind auf engem Raum an den Hang gebaut und nur über Treppchen und schmale Gänge zu erreichen. Gegen Ende des 18. Jahrhunderts entdeckten Hamburger Kaufleute das Idyll und bauten oberhalb des alten Ortes stattliche Landhäuser. Aus dem einstigen Privatbesitz wohlhabender Patrizier sind mehrere, heute öffentliche Parks erhalten, darunter der Hessepark, Baurs Park und Goßlers Park.
Nach Blankenese fahren die Hamburger gern, um ihren Gästen mal die Riviera des Nordens zu zeigen oder wenn sie sich nicht zwischen Alster- oder Elbspaziergang entscheiden können. Schon der Weg aus der Innenstadt über die Prachtstraßen Palmaille und Elbchaussee ist angemessen: Die längste Straße Hamburgs gilt zugleich als die attraktivste und nobelste.
Neben einer Bootsfahrt erreicht man Blankenese von Hamburg aus wohl am schönsten über einen Sapziergang an der Elbe entlang. Beginnend am Övelgönner Museumshafen schlängelt sich der Weg anfangs zwischen den Gärten und Häusern in Övelgönne hindurch. Wahre Juwele stehen hier dicht an dicht und konkurrieren in ihrer Pracht, manche noch aus dem 18. Jahrhundert. Weiter westwärts Richtung Teufelsbrück bleibt man dem Wasser näher und kann den weiten Blick auf Wasser und die villengeschmückten Hänge des hohen Elbufers genießen. Von Övelgönne an beginnt auf der oberhalb verlaufenden Elbchaussee die eigentliche Villen- und Landhäuserstrecke. Für welchen Blickwinkel soll man sich hier nur entscheiden?
Der schönste Teil des Elbuferwegs beginnt bei Teufelsbrück, von wo aus man das wunderschöne ehemalige Dorf Klein-Flottbek erkunden kann. Der Jenisch-Park mit dem Barlach-Haus liegt gleich gegenüber vom Anleger. Im Jenisch-Haus ist großbürgerliche Wohnkultur in Hochform zu bestaunen und zu begehen, nur setzen darf man sich nicht. Schade, denn der Blick durch den Park zur Elbe hinunter macht einen schwindelig. An Nienstedten kommt man nicht vorbei, ohne zumindest einen Blick auf die Terrasse des berühmten Ausflugslokals »Jacob« zu werfen, das heute ein Feinschmeckerrestaurant ist. Dieses Haus war im 19. Jahrhundert Treffpunkt der Hamburger Prominenz und der eleganten Welt.

1 *Lage in der ersten Reihe, Küche mit Sternen: Das »Hotel Jakob« an der Elbchaussee.* – 2 *Im Frühjahr zur Obstbaumblüte zieht es die Hamburger in Scharen ins Alte Land.*

2

2

## Terrassen-Vergnügen am Fluss

Die »Lindenterrasse Jacob« an der Elbchaussee 401 hat der französische Gärtner Louis Daniel Jacques zu Beginn des 19. Jahrhunderts südlich des Restaurants über der Elbe angelegt. Eine 30 Meter lange, doppelte Lindenreihe gab der Aussichtsterrasse ihr Gesicht. Das oft imitierte Ensemble steht heute unter Denkmalschutz. 1902 war der Berliner Max Liebermann bei »Jacobs« zu Gast und schuf mit seinem Gemälde der Lindenterrasse – heute in der Hamburger Kunsthalle – eines der schönsten Bilder des deutschen Impressionismus.

Andere Terrassen sind genauso schön, nur nicht so berühmt. »Sagebiels Fährhaus« mit seiner Terrasse an der Blankeneser Hauptstraße 107 ist die historische Urzelle des Blankeneser Treppenviertels. Hier nächtigten früher die Knechte, die Holsteiner Ochsen zum Bischof nach Bremen treiben mussten.

Die »Süllberg-Terrassen« in 75 Metern Höhe waren für ganze Generationen ein weit über Hamburgs Grenzen bekannter Mittelpunkt des gesellschaftlichen Lebens. Der Aussichtsturm erhöht das Sehvergnügen um weitere 20 Meter. Höher hinaus geht's nördlich der Elbe in Hamburg nicht. Blankenese zog schon immer Dichter und Maler an. Paul Schurek schrieb 1953 im »Hamburger Gästebuch« über die elbische Riviera: »Im atemberaubenden Auf und Ab, im Herum und Querdurch enthüllt sich uns der ganze Zauber dieses unterhaltsamen Labyrinths. Zierliche Hütten kontrastieren zu klobigen Klötzen, Strohdachkaten zu geschniegelten Villen. Es gibt Terrassen, da stehen die Häuser Arm in Arm, an manchem Hang nimmt eins das andere huckepack. Kein freier Fleck ist so klein, dass nicht ein Gärtchen Platz fände. Ein Idyll reicht dem anderen die Hand, und alte Baumkronen, weiß Gott wo die Stämme wurzeln, fächern sachte über die Herrlichkeit hin.«

Der Weg nach Blankenese verläuft dann bald unterhalb des Hirschparks. Unmittelbar am Elbhang finden sich hier einige Traumvillen. Das schönste Haus ist nur von der Mole des Jollenhafens aus zu sehen: ein prächtiges spätklassizistisches Landhaus, 1836 für ein Mitglied der Familie Godeffroy erbaut. Für den letzten der Dynastie, Julius Cesar VI., war das Ende tragisch. Er war König der Südsee geworden, schickte Gelehrte zur Erforschung dorthin und investierte erhebliche Mittel. Schließlich reichte sein Kapital nicht aus, sodass sich auch Bismarck im Reichstag dafür verwandte, Godeffroys kolonisatorische Bemühungen zu unterstützen. Wenn er seine Arbeit hätte fortsetzen können, hätte zum größten Teil das Deutsche Kaiserreich die Südseeinseln betreut, ein mächtiges Kolonialgebiet, von dem später lediglich ein Stückchen übrig blieb. Doch der Reichstag erkannte diese Chance nicht. Er ließ Godeffroy fallen, der daraufhin seine Zahlungen einstellen musste. Erblindet bekam er das Gnadenbrot bei seinen alten Freunden und durfte bis zu seinem Tod im Jahr 1885 in seinem Haus leben. Heute gehört es der Familie Oetker. Dennoch blieb er seinen Zielen treu: »Ich bereue nicht einen Pfennig, den ich ausgegeben habe!«

Der Süllberg bietet den schönsten Blick über Hamburgs Bergdorf und die Elbe. Bei einem Spaziergang tief unten entlang des Strandwegs fühlt man sich wie in einem Seebad. Das Restaurant dort oben ist der Lage entsprechend spitze. Auch den romantischsten Platz an der Elbe findet man in Blankenese, in 88 Metern Höhe auf dem Bismarckstein. Der Flussblick ist fantastisch, vor allem bei Sonnenuntergang.

1 *Verwinkelt, verschachtelt, verwunschen: Terrassenbauten im Blankeneser »Bergland«.* – 2 *Im Hirschpark in Blankenese ist das »Witt Hüs« der angesagte Treff.* – 3 *Der Fisch kommt zwar nicht mehr aus der Elbe, aber dem Koch ist das egal.*

*Vom Industrieviertel fern der City zur kulturellen Wundertüte: Die große Flussinsel Wilhelmsburg zwingt den Betrachter zum neuen Hinsehen und Überdenken.*

Seite 98/99

1 *Behördenbau mal anders. Die Stadtentwickler und Umweltplaner in Wilhelmsburg gehen mit gutem Beispiel voran.* – 2 *Die Internationale Gartenschau ist ein Leuchtturmprojekt für den fast schon abgeschriebenen Stadtteil.* – 3 *Die Internationale Bauaustellung bringt Menschen und Ideen nach Wilhelmsburg, aber was davon bleibt?* – 4 *Das Wälderhaus, eines von vielen spannenden Gebäuden der Zukunft, die darauf warten, gebaut zu werden.*

1

2

3

4

Ponton op'n Bulln
Achtung
Ankerdrähte
MEHRZWECK
PRAHM

*Traumschiff vor Traumkulisse. Wer Blankenese vom Wasser aus sieht, möchte hier am liebsten für immer vor Anker gehen.*

# Die alte und die neue Szene

Wenn die einen zu Bett gehen, fangen die anderen erst an zu feiern – in Hamburg geht der Spaß rund um die Uhr. Die Party-Hochburg Deutschlands erfindet sich jeden Monat neu, die Musik-Metropole liefert den Sound dazu, und Musicals gehen von hier auf die Reise. »Heiße Ecke« heißt der letzte Musical-Hit auf der Reeperbahn, doch dieser Name könnte für ganz Hamburg gelten.

*Die Sonne scheint für alle gleich, aber die Beach-Clubs variieren. »Strandpauli« gibt sich rustikal, macht aber viel Spaß.*

# Auf der Reeperbahn nachts um halb eins

## St. Pauli – Schanzenviertel – Karoviertel – Ottensen – St. Georg

» … ob du 'n Mädel hast oder auch keins«, sang der legendäre Hans Albers über Hamburgs bekannteste Straße und das Lebensgefühl eines Matrosen im weltberühmten Stadtteil St. Pauli. Auch die Pistengänger von heute sind textsicher, singen mit, lehnen sich an sein Denkmal, das Jörg Immendorf ihm auf dem Hans-Albers-Platz spendiert hat. Doch vom Timing her halten sie ihn eher für einen Nachtmuffel, denn vor zwei Uhr nachts geht die Sause nicht los. Für die Kunst, zur richtigen Stunde am richtigen Ort zu sein, um zu singen, zu tanzen, zu leben, braucht man Stehvermögen.

Die Auswahl an Musikclubs ist riesig, die Musikszene brummt, rockt, tobt. In alten Chinarestaurants und abgewrackten Kaufhäusern, Bunkern, Kellern, Wohnzimmern, Lounges, Clubs, Bars, Theatern, Schlachterläden und open air auf dem Spielbudenplatz. Über 200 Gigs bietet allein das Reeperbahnfestival, 40 Clubs sind so dicht beieinander, dass man sie alle zu Fuß in den drei Tagen genießen kann. Das ist einzigartig in Hamburg. Musik hat auf dem Kiez Tradition: Die Beatles und der »Star-Club« begründeten in den 1960er-Jahren Hamburgs Position als Deutschlands wichtigste Popmusik-Stadt. Noch immer gibt es die Spuren der Legenden auf dem Kiez, doch das sind alte Hüte. Wandel ist angesagt, das lebt der Kiez vor.

Die Entwicklung vom Puff- und Spielautomatenmilieu zum Amüsierviertel mit spannendem Nachtleben ist unumkehrbar. Die Reeperbahn ist nicht mehr das, was sie mal war. Und das ist gut so. Wenige trauern ihr nach. Doch der Kiez ist nur noch Kulisse für ein Vergnügungsviertel ganz allgemeiner Natur. Der Mythos von schnellem Sex und schlimmen Fingern ist Nährboden für ein neues, schickeres St. Pauli. Die alte Bavaria-Brauerei musste Platz machen für ein Nobel-Quartier mit Luxushotel und der angesagtesten Cocktail-Bar im 20. Stock. Designerhotels wie das »East« oder der Neuzugang »Arcotel Onyx« in den Tanzenden Türmen, dem neuen Hochhaus-Wahrzeichen am Beginn der Reeperbahn, statt nur Stundenhotels, das ist die Devise. Musical-Bühnen, Musik-Clubs, Top-Restaurants, Theater und ständig neue Ideen rund um »Schmidts Tivoli« locken Besucher an. Jede Generation bekommt die Reeperbahn, die sie verdient, das ist Naturgesetz. Die Reize aber bleiben gleich: permanenter Wechsel von Licht und Schatten, Nähe der Extreme, Ignoranz gegenüber Standards. Der Kiez ist zugleich Traumfabrik und Albtraum, Himmel und Hölle. Ihren Namen trägt die gerade einen Kilometer lange Reeperbahn nach den Reepen, norddeutsch für »Seile«. Ab dem 17. Jahrhundert drehten sie die Seiler hier auf einer eigens dafür eingerichteten Geländebahn zu Schiffstauen. Der Stadtteil hingegen, der Inbegriff sündiger Vergnügungen, verdankt seinen Namen ausgerechnet dem Sittenapostel Paulus: 1682 wurde auf dem Hamburger Berg, wie die Gegend auf dem hohen Elbufer hieß, eine Kirche St. Pauli geweiht. Ihr Nachfolgebau, die klassizistische Kirche südlich vom Hein-Köllisch-Platz, erhebt sich hier seit 1833.

### Unnachahmlich und unvergessen: Hans Albers

Den Seemann nahm ihm jeder ab, dem Hamburger Schauspieler und Sänger Hans

1 *Beim Schlager Move kommt es auf die Verkleidung an. Textsicher sind sie alle.* – 2 *Schlägt das Herz am Spielbudenplatz? Den Puls kann man vielerorts fühlen.*– 3 *Von Hamburg aus in die Welt – Denkmal für die Beatles am Spielbudenplatz.*

Das Herz von St. Pauli
ASTRA
das Herz
von St. Pauli
2

SUSI'S
SHOW BAR
3

GROSSE FREIHEIT
36
Colibri
Colibri
Colibri
36
HOLSTEN
GROSSE FREIHEIT 36
Galerie 36
1

Trattoria
JEVER
ROCCO
JEVER
2

Albers, geboren am 22.9.1891 in St. Georg. Sein Reeperbahn-Lied ist der Schlager der Meile schlechthin, ein Evergreen, ein echtes Mitsing-Lied. Aber auch als Haudegen und Kavalier spielte er sich in die Herzen, als Pilot und Herzensbrecher machte der Junge aus der Langen Reihe ebenfalls eine gute Figur.

Seine künstlerische Karriere begann mit mäßigem Erfolg, nachdem er eine Kaufmannslehre abgebrochen und ohne Wissen seines Vaters mit heimlicher finanzieller Unterstützung seiner Mutter privaten Schauspielunterricht genommen hatte. Erste Bühnenerfolge stellten sich nach dem Ersten Weltkrieg an Berliner Theatern ein, vor allem in komischen Rollen. Nach über 100 Stummfilmrollen spielte er 1929 im ersten deutschen Tonfilm, »Die Nacht gehört uns«, mit und kurz darauf mit Marlene Dietrich in »Der blaue Engel«.

Ab 1933 lebten Albers und seine Lebensgefährtin, die jüdische Schauspielerin Hansi Burg, in seiner Villa in Garatshausen am Starnberger See. Obwohl ihn die Nationalsozialisten nach der Machtübernahme zur Trennung drängten, wohnte er weiter mit ihr zusammen. Albers, zeit seines Lebens ledig und ohne Kinder, pflegte ein eher distanziertes Verhältnis zu den Mächtigen, war aber bei Goebbels sehr beliebt. Seine Karriere verlief erfolgreich und seine Gagen waren hoch. Der 1943 zum 25-jährigen Jubiläum der UFA mit großem Aufwand produzierte Farbfilm »Münchhausen« avancierte zum Publikumserfolg. Die Dreharbeiten zum Farbfilm »Große Freiheit Nr. 7« musste man wegen der Bombenangriffe auf Hamburg in Prag fortsetzen; den Film führte man jedoch wegen seiner düsteren Stimmung bei Kriegsende nie öffentlich vor. Trotz seiner Publikumserfolge in der Vor- und Nachkriegszeit und obwohl er politisch weitestgehend unbelastet in die Nachkriegszeit starten konnte, blieben Albers in den folgenden Jahren große Erfolge versagt. Einen Monat vor seinem Tod, am 23.6.1960, erhielt er das Große Bundesverdienstkreuz aus der Hand von Heinrich Lübke. Am 24.7.1960 starb Hans Albers in einem Sanatorium am Starnberger See. Beigesetzt wurde er auf dem Hauptfriedhof Ohlsdorf in seiner Heimatstadt Hamburg.

## Ärmster Stadtteil und Abenteuerland zugleich

Am Spielbudenplatz 1 steht heute das bekannte Operettenhaus, das von 1986 an 15 Jahre lang nonstop das Musical »Cats« auf dem Programm hatte. Damit begann der Musicalboom in Deutschland, auf dem Kiez die Renaissance der Kiez-Theater und Hamburgs Karriere zur Musicalstadt Deutschlands. Corny Littman startete mit dem »Schmidt's« die Wiederbelebung der alten Theatertradition auf der Reeperbahn. In den 1940er-Jahren hatte St. Pauli 60 große und kleine Bühnen, heute sind es schon wieder zehn. Ihre Rückkehr ist ein Meilenstein auf dem Weg von der Kiez- zur Spaßkultur.

St. Paulis Wandel begann in den 1980er-Jahren, zur Zeit der ersten Aids-Angst und der Flaute im horizontalen Gewerbe. Niedrige Mieten, freie Räume und der Thrill des einzigartigen Ambientes lockten zuerst Studenten, Freigeister und Künstler in die Gegend, die schon immer Obdachlose und Ausgestoßene angezogen hat. Den Pionieren folgte der übliche Tross: Werbung, Schickeria, Szenekneipen, Museen, Läden, Restaurants.

Etwa ein Drittel des ärmsten Stadtteils nimmt das eigentliche Amüsier- und Rotlichtviertel ein. Rund 500 gastronomische Betriebe verschiedenster Art gibt es hier. Überall lässt sich zu ungewöhnlichen Zeiten Ungewöhnliches essen. Der Kiez ist neben Stimmungslokalen, Tanzbars,

1 *Ein Straßenname als Einladung, Programm und Verheißung – Große Freiheit.* – 2 *Rings um den Kiez ist die Welt auch kunterbunt. Nur entspannter.* – 3 *Am Hans-Albers-Platz ist schon das normale Leben exotisch.*

Clubs, Bierhallen, Varietés, Absturzkneipen, Tätowierstuben, schrillen Museen auch kulinarisches Abenteuerland.
Diese Vielfalt goutieren nun auch die Hamburger wieder, die St. Pauli jahrzehntelang den Auswärtigen überlassen hatten. Mit 25 Millionen Besuchern ist das Viertel eine der Hauptattraktionen der Stadt. Es hat also wieder geklappt, der sensible Organismus Kiez hat sich einmal mehr neu erfunden. Udo Lindenberg besingt die Wende so: »Reeperbahn – ich komme an, du geile Meile, auf die ich kann. Bist auferstanden aus all dem Siff, jetzt legen wir wieder an mit unserm Schiff.« Doch als bumsfideles Disneyland, zu dem es manche gern machen würden, wird die Reeperbahn niemals funktionieren.

## Zwei Straßen von Ruf: Herbert- und Hafenstraße

Der Mythos des Verruchten, dass man hier könnte, was man sonst nicht darf, bleibt. Es gibt immer noch die Shows im »Safari«, in denen gezeigt wird, weshalb angeblich alle kommen – Erotiktheater nennt man das Relikt einer vergangenen Zeit vorsichtig. Und dann ist da natürlich auch noch die Herbertstraße, der Sündenpfuhl schlechthin. Sicher, St. Pauli bietet jegliche Art von Sex für den, der danach sucht. Auch optisch dominiert Rotlicht, obwohl heute nur noch rund 2500 Prostituierte anschaffen gehen. Angesichts von Modelwohnungen in den Hochhäusern aller Stadtteile und Internetporno sorgt sich mancher Puffbesitzer.
Und es gibt auch die Gefahr, nicht nur abseits des neongrellen Trampelpfades. An Wochenenden herrscht hier die höchste Polizeidichte Europas. Nicht mehr Bandenkrieg und Machtkämpfe sind es, sondern Schlägereien unter Jugendlichen. Die Beamten der Davidwache, Deutschlands bekanntestem Polizeirevier, haben rund um die Uhr alle Hände voll zu tun.
Ein Jubiläum besonderer Art feiert eine Häuserzeile, die es ohne den Widerstand ihrer Bewohner so gar nicht mehr geben sollte: die Hafenstraße. Sie liegt dort, wo der Blick auf die Elbe am schönsten, da unverbaubar, ist. Dort, wo der Appetit der Investoren am größten war, nämlich unersättlich. Die betroffenen Häuser im Eigentum der SAGA, einer Wohnungsgesellschaft der Stadt Hamburg, standen teilweise leer, teilweise waren noch Wohnungen vermietet. Doch die Hausbesetzer machten allen einen Strich durch die Rechnung. Das begann in der Silvesternacht 1981/82, heute ist die Häuserzeile ein anerkanntes Kulturdenkmal der alternativen Art. Die Graffiti sind nicht jedermanns Geschmack, aber die Häuser zeigen die Elastizität Hamburger Toleranz. Der mutige Bürgermeister von Dohnani und der finanzkräftige Gönner Reemtsma lösten schließlich die Krise.

1 *Herbert Ross malt Träume, alle weiblich, wohlgeformt und riesengroß.* – 2 *Meinungsfreiheit oder Schmiererei? Sprayer gibt's in den Quartieren wie Sand am Meer.* – 3 *Nostalgischer Charme auf dem Kiez bei den Wachsfiguren.* – 4 *Käufliche Liebe auf dem Kiez, der Erotik gehört ein eigenes Museum.* – 5 *Wortspiel auf dem Kiez – längst eine Adresse auch für die besten Restaurants.*

4

5

1

2

## Schanze und Karoviertel – Quartiere mit Charakter

Yuppies sitzen neben Althippies, Punker neben Banker, High Heels neben Birkenstock – ob nun bürgerlich oder nicht, die Masse sitzt ganz entspannt gegenüber der »Roten Flora« auf der neu geschaffenen Piazza und genießt. Vorzugsweise draußen, vorzugsweise südländisch, am liebsten portugiesisch. Die Schanze war eine der angesagtesten Ausgehmeilen der Stadt, ist jetzt in die Jahre gekommen. Viele schreckt der Schmuddelcharme ab, doch noch mehr zieht es an, die lässige Lebensart, exotische Küchen, schrille Outfitläden, Szeneboutiquen und jede Menge Musik. Hier gibt sich die alternative Szene ganz handzahm, aber die Möglichkeit brennender Autoreifen und vom spontanen Barrikadenbau ist immer da.

Das haben die Sympathisanten der »Roten Flora« und die Autonomen wohl nicht geahnt. Sie bewohnen und verteidigen das letzte besetzte Haus in Hamburg, bevor der Senat 1988 aufgab. Die heute schrecklich anzusehende, angekohlte Beinahe-Ruine, die in ihrem früheren Leben schon Konzertsaal, Varietébühne, Operettentheater und Kino war, sollte eins auf keinen Fall werden: Spielplatz für Andrew Lloyd Webbers Musical »Das Phantom der Oper«. Dagegen und gegen die befürchtete Yuppiisierung hatten die Autonomen etwas. Sie kämpften gegen die Umstrukturierung des Viertels, gegen die Reisebusse aus Wanne-Eickel. Hier, am Schulterblatt, wollten sie anders leben als die bürgerliche Masse. Und dann das!

Wie alle angesagten Viertel hat die Schanze vor der Alternative »gehen oder bleiben« gestanden. Für die maßvolle Sanierung eines heruntergekommenen Viertels zu kämpfen oder sich den Plänen der Investoren zu beugen, die Abriss und Verdrängung durch unbezahlbare Eigentumswohnungen zur Folge gehabt hätten. Hier wie dort waren Künstler, Studenten und Kreative die Ersten, die leer stehende Gebäude nutzten, dem Verfall preisgegebene Wohnungen neu belebten, Leben in Gegenden brachten, die beinahe aufgegeben waren. Heute ist die Lage zugespitzter denn je; Einwohner der ersten Stunde können sich ihre Stadt-Heimat nicht mehr leisten, Verdrängung findet statt, Wohnungsbesichtigungen werden zu Massenspektakeln. Geld und Glück muss man hier haben.

Dasselbe Reizklima herrscht im Karoviertel. Verbunden ist es mit der Schanze durch die Schlachthofpassage. Hier sprießen Kunst, Musik und Kneipen in und an der Rinderschlachthalle. Vom wohl kalkulierten Verfall war hier einiges bedroht, doch das Kalkül ging nicht auf! Der Protest war erfolgreich. Jetzt wird im Karoviertel Mode gemacht, alternativ-schrill bis schick und edel. T-Shirts von »Mägde und Knechte« ziehen alle Augen auf sich und leisten mit pfiffigen oder hintersinnigen Texten einen Beitrag zur Hebung des Spaß- und Denkniveaus. Große Namen der jungen Hamburger Modeszene neben noch unbekannten, Internetdienstleister, Werbeagenturen: Das Karoviertel ist bunt und lebendig, wohl auch, weil die Hälfte seiner Bewohner einen Migrationshintergrund hat.

Die Szeneviertel zeichnet ein Dorfgefühl innerhalb der Großstadt aus. Alles, was man braucht, ist um die Ecke, man verlässt sein Quartier nur in Ausnahmefällen. In diesem Stadtteil schlägt einem die Toleranz an jeder Ecke entgegen, sie gehört dazu wie der Schlickgeruch bei ablaufendem Wasser zu Övelgönne. Ohne Toleranz ging es nie und geht es bis heute nicht.

1 *Früher umstritten, heute friedlich: Das »Hotel im Wasserturm« des Schanzenparks.–*
2 *Alle lieben ihren Galao auf der Plaza am Schulterblatt. Wer vertreibt hier wen? –*
3 *Ist das Kunst oder kann das weg? An der »Roten Flora« scheiden sich die Geister.*

## Kunst, Kult und Kommerz statt Abriss

In Ottensen ist »Die Fabrik« das Symbol der Umnutzung stillgelegter Industriebauten. Kein anderer Stadtteil hat mehr erhaltene Industriebauten, aber auch keiner mehr Bürgerinitiativen. Man wehrte sich gegen den Ausverkauf des Viertels, als durch den Strukturwandel der 1960er-

Jahre die Fabriken stillstanden. Aus der maroden Maschinenfabrik wurde das erste alternative Kulturzentrum. Kunst, Kultur und Kommerz entdeckten in den 1970er-Jahren ihr Herz für alte Werksarchitektur. Schokoladen-, Drahtstifte- oder Schiffsschraubenfabrik? Alle verwandelt wie das Elbdorf, das auf der Kippe stand.

Jetzt ist es ein schicker Bürostandort, ein lebendiges Industriemuseum, ein begehrtes Altbauquartier und ein soziales Pionierfeld. Wie die anderen Szeneviertel ist es Vielfalt und Widerspruch, beliebt und begehrt, und jährlich wird es teurer, hier zu leben.

## Wohin also jetzt?

Nach Bahrenfeld, auf die Veddel, nach Rothenburgsort oder gleich nach Wilhelmsburg? Dort im Süden liegt auf Europas größter Flussinsel ein Stadtteil, den Hamburg lange als nicht richtig zu sich gehörend empfunden hat. Zu weit weg. Das Jahr 2013 aber ist der Anfang eines Wandels. Gerade hierhin hat die Stadt die Internationale Gartenausstellung gesetzt und gleich dazu die Internationale Bauausstellung. Mit »Reif für die Insel!« war stets Sylt gemeint, jetzt kommt Wilhemsburg auf andere Weise dazu und weiß noch nicht genau, wie ihm geschieht. Überall locken neue Horizonte in Form alter Fabriken und Quartiere. Aussteigen und Wiedereinsteigen in Hamburg: Immer machen Künstler und Studenten, junge Leute und Abenteurer den Anfang. Aus Not, Überdruss, Neugier, oder weil mittlerweile Angebote der Stadt sie als Keimzellen dahin locken, wo andere nur noch wegwollten. Sind erst ein paar von ihnen da, werden es schnell viele, die die Lebensqualität im Viertel verändern.

Auch St. Georg ist diesen Weg gegangen – manche befürchten, zu weit. Drogen, Strich und Aids prägten lange das bis in die 1970er-Jahre sehr arme Viertel, das vor dem nordöstlichen Ausgang des Hauptbahnhofs beginnt. Schon im Mittelalter verbannte die Stadt alles hierher, was sie innerhalb der Mauern nicht wollte: Lepra-Asyle, Galgen, Pestfriedhof, Schweinehaltung, Pulvermühle, Müllhalden … Erst als eine Umwandlungsstrategie das Viertel bedrohte, wachte es auf und musste sich zwischen Veredelung und Verelendung entscheiden. Heute ist es schick, zwischen Alster und Langer Reihe, dem Hotel-Viertel und der Hochkultur des Schauspielhauses und dem Museum für Kunst und Gewerbe zu leben. Das Gefühl von ein wenig Montparnasse, Orient, Okzident und urigstem Althamburg auf wenigen Quadratkilometern ist belebend. Immer wieder muss man innehalten, um zu staunen. Besonders die Künstlerkolonie in der Koppel 66 lohnt einen Besuch. Schon das Gebäude ist sehenswert, noch mehr aber ausgefallene Hüte, origineller Schmuck, Kunst, Holz und Schuhe aus Meisterhand. Das »Hotel Wedina« in der Gurlittstraße fällt mit seinen bunten Häusern als Exot zwischen den Jugendstilvillen auf. Die Farben sind Programm, hier kann jeder nach seinem Geschmack wohnen – minimalistisch oder mediterran. Für Literaturliebhaber ist das Blaue Haus eine empfehlenswerte Adresse. Mehr Kultur, Luxus und Muße geht nicht.

1 *Hamburg liebt es, Udo Lindenberg wohnt hier für immer: das Luxushotel »Atlantic« an der Alster.* – 2 *Früher Schlachthof, heute Kulturmeile und Musik-Club an der Feldstraße.* – 3 *Die Zeisehallen waren mal eine Schiffsschraubenfabrik. Heute gibt es hier Kinos und Restaurants.*

2

3

Portugiesisches KNEIPENCAFE
PETISCO
HOLSTEN
PETISCO
SAGRES
SUPER MERCATO
Coca-Cola

ELBJAZZ
PROFI MUSIK

2

1 *Jeder ist fast überall Ausländer?! Hier vor allem Kaffeetrinker und Flaneur.* – 2 *Das Jazz-Festival entführt zu den ausgefallensten Spielorten.* – 3 *Thai-Food trifft Döner, aber deutsche Marktleute gibt es auch an der Langen Reihe.* – 4 *Per Speisekarte die Welt entdecken: Alle Küchen sind schon da.* – 5 *Ottensen, Viertel der Gegensätze. 1950er-Jahre-Charme an der Kleinen Brunnenstraße.*

LEVANTEHAUS

# Arkaden, Passagen, Galerien und Kolonnaden

Hamburger sind nicht nur als Kaufleute berühmt, auch als Konsumenten sind sie spitze. Traditionelles oder Ultramodernes, Stil oder Kult – es gibt nichts, was es in Hamburg nicht gibt. Beim Flanieren und Einkaufen, einer der beliebtesten Beschäftigungen der Hamburger, kann nicht einmal schlechtes Wetter stören: In keinem Shopping-Paradies Europas sind so viele Geschäfte unter gläsernen Passagen geschützt.

*Oscar Wilde hätte an der Mönckebergstraße seine Freude, lautet sein Motto doch: »Mein Geschmack ist simpel – von allem nur das Beste!«*

# Die Verführung der Konsumtempel

## Europa-Passage – Galleria-Arkaden – Neuer Wall – Alsterarkaden – Eppendorf – Wochenmärkte

Im Erdgeschoss des »Karstadt«-Hauses an der Mönckebergstraße ist in den Fußboden eine Windrose mit der Darstellung des zehnten Längengrades östlich von Greenwich eingelassen: Er teilt das Haus. Das sorgt für Klarheit in dem 1912 als größtem und schönstem Warenhaus Deutschlands gebauten Flaggschiff.
Die Mönckebergstraße ist das Herz der östlichen City, beliebt und belebt und von den Hamburgern »Mö« genannt. Sie verbindet das Rathaus mit dem Hauptbahnhof und liegt östlich der exklusiveren Angebote, die eher um den Jungfernstieg herum zu finden sind. Ob nun aber östliche oder westliche City, die Innenstadt bietet alles und ist eine der schönsten und lebendigsten Innenstädte Europas. Sie macht Hamburg zur Shopping-Traumstadt mit immer neuen Projekten. Die größte und neueste innerstädtische Passage des Kontinents ist die Europa-Passage zwischen Mönckebergstraße und Binnenalster. Sie ist das neue Zentrum der City, nach dem östlich und westlich neu zu definieren ist. Zu Beginn des 20. Jahrhunderts baute Hamburg die Prachtstraße, die dem Image der stolzen Handelsstadt angemessen sein sollte. Platz machte dafür das Gängeviertel, das man abriss. Noch 1892 hatte hier die Cholera 8600 meist arme Leute dahingerafft. Im Levantehaus, Mönckebergstraße 7, bekommt man eine Ahnung von den Visionen der damaligen Zeit. In seinem Inneren befindet sich eine Passage mit kunstvollen Malereien an den Treppenaufgängen. Das wirkt wie ein Versprechen – genauso wie der integrierte Eingang zum luxuriösen Fünfsternehotel »Park Hyatt«: Die schöne Fassade mit dem Sonnenlogo verspricht Lebensfreude, Einkaufen und Genuss. Die Cafés unter dem Glasdach und der Mix des Sortiments der Dienstleistungen lösen es ein. Mit seinem Atrium bietet das Levantehaus ein typisches Detail für das Shopping in Hamburg.

### Edel, exklusiv, elegant – alles vom Feinsten

Vom Rathausmarkt kann man das 1,5 Kilometer entfernte Dammtor trockenen (oder doch fast trockenen Fußes) erreichen, indem man durch Teile der 14 Passagen, Atrien, Hallen und Kolonnaden flaniert. Selbst bei schlechtem Wetter, das in Hamburg seltener ist, als man glaubt, kann man mit der Illusion eines Spaziergangs unter freiem Himmel bummeln gehen. Die Architekten haben die überdachten Basar-Boulevards wiederentdeckt und Hamburg eine City gegeben, wo es früher nur eine Innenstadt gab.
Man kann diese Welt der schönen Ladenstraßen unter Stahl und Glas nach festem Marschplan erwandern, zum Beispiel auf der Ideallinie für den City-Bummler, der nichts auslassen will. Die führt etwa von den Alsterarkaden aus an Alsterfleet und neuem Wall vorbei über die Bleichenbrücke zur Commercie im Kaufmannshaus an den Großen Bleichen. Quer durch die imposanten Bogengänge des Hanseviertels geht's zur Poststraße. Durch die Gerhof-Passage und den Neuen Gänsemarkt zur Gänsemarktpassage hindurch zu den Colonnaden. Von dort schließlich zum Hamburger Hof am Jungfernstieg mit Anschluss an die Passage an der Alten Post. Ob nun gegen den Uhrzeigersinn zurück oder ganz unsystematisch gebummelt, man kann nie fehlgehen. Der unsichtbare

1 *Auf die Verpackung kommt es an. Das gilt auch für die Geschäfte selbst.* – 2 *Der große Wurf soll die Europa-Passage werden, Shopping de luxe auf vier Etagen.*

2

1

Ariadnefaden durch Verbrauchers Schlaraffenland führt verlässlich von einer Boutique zur anderen. Die Hamburger Passagenwelt dient oft einfach als Flanierraum, man trifft sich, plaudert, trinkt ein Gläschen. Modehäuser, Kunstgalerien, Antiquitätengeschäfte, Cafés, Bistros, Weinlokale, Restaurants und Spezialitätenläden zeigen ein Angebot gehobener Art. Überall, höchst kunstvoll drapiert, arrangiert und dekoriert, liegt Köstliches und Kostbares, Antikes und Exklusives, Erlesenes und Modisches, auf jeden Fall Teures am Weg der programmierten Verführung.

## Neuer Glanz in »alten« Gemäuern

Doch das sehenswerte Angebot beschränkt sich nicht allein auf die Waren der Geschäfte. Die Passagen, teils nach historischem, teils nach ausländischem Vorbild gebaut, verbinden oft organisch das Alte mit dem Neuen. Das gilt ganz besonders für den schönen klassizistischen Bau der Alten Post. »Siena oder Florenz?«, fragt man sich angesichts des Turms. Hier hat man's gerne italienisch. Wunderbar muten auch die Restaurants auf den Decks am Fleet an. Fehlt nur noch eine Gondel, aber die fährt mehr auf dem Ise-Kanal. Nebenan glänzt die Galleria mit nur 80 Metern Edelmeile, dafür aber von feinstem Marmor, zeitlos nobler, schnörkelloser Architektur. In der kühlen Eleganz, die der Burlington Arcade in London nachempfunden ist, lockt in 27 Shops ein kultverdächtiger Mix.

Der Neue Wall gehört zu den Hamburger Highlights. Wer es besonders edel mag, ist in der erlesensten Markenmeile der Stadt richtig. Zwischen Stadthausbrücke und Jungfernstieg sind die meisten wichtigen Modelabels vertreten. Daneben haben einige der traditionsreichsten Hamburger Geschäfte ihren Platz. Das Südende der Straße bietet die größte Ballung von erstklassigen Einrichtungsläden in Hamburg. Um den Einkaufsspaß noch zu steigern, gönnt sich der Neue Wall den Luxus, Deutschlands erster Business Improvement District zu sein. Eine private Initiative unter städtischer Obhut hat den Prachtboulevard noch attraktiver gestaltet, ihm ein einheitliches Erscheinungsbild verpasst: mediterraner Flanier-Flair. Denn bei so viel Edel-Design in den Boutiquen soll die Straße doch auch gleich ein angemessenes Outfit bekommen.

Schmuckstück unter den Hamburger Passagen ist das Herz der Einkaufsstadt Hamburg, das Hanseviertel. Einbezogen in den 1927 gebauten Klinkerbau ist das Luxushotel »Renaissance Hotel Hamburg«. Zwei Glaskuppeln krönen das ebenfalls gläserne Tonnendach. Im braunroten Klinkerboden sind metallene Bänder mit Inschriften eingelassen, die auf die Hanse Bezug nehmen. Neben dieser bislang längsten ebenerdigen Glaspassage Europas wirkt die Mellin-Passage winzig. Dafür ist die kürzeste Passage sehr elegant und sehr alt. 1846 hat man diese Verbindung vom Neuen Wall zur Mitte der Colonnaden gebaut. Drei Jahre hat die originalgetreue Restaurierung gedauert. Unbedingt die Decke beachten!

## Tradition kann man kaufen

Beim »Mützenmacher Eisenberg« in der Steinstraße kaufen die Hanseaten ihre maritimen Kopfbedeckungen: Lotsenmützen, Elbsegler, Prinz-Heinrich-Mützen. Die tragen Alsterschipper, Freizeitkapitäne, Alt-Bundeskanzler. Ein Problem haben die Mützen alle: Sie halten ein halbes Leben lang.

Bei »Ernst Brendler« kleidet sich ein, wer auf große Fahrt geht. Ob nun mit der Marine, dem Handelsschiff oder auf Löwen-

1 *Unverkäuflich! Der alte Charme der Mellin-Passage wirkt noch heute.* – 2 *Wer hier kauft, weiß, was er will. Oder bekommt deutliche Hinweise, wie man sich in Hamburg kleidet.*

jagd – seit dem Jahr 1879 gibt's bei »Brendler« das, was jeweils das Beste für den gewünschten Zweck ist. Das macht die Auswahl kleiner, aber verlässlich, zeitlos, klassenlos. Natürlich immer beste Qualität, grundsätzlich aus Naturfasern. Das fast immer herrlich unmodische, aber perfekt kleidsame Sortiment für alle Erdteile und jede Klimazone verkaufen die Brendlers schon in der vierten Generation – warum also etwas ändern?

Wie senkt man die Kosten für den Bau einer Kirche? Die Hamburger ließen beim Bau der Nikolaikirche im 19. Jahrhundert in das Kellergewölbe gleich ein Weinlager einbauen – und der war bestimmt nicht nur für den Wein des Abendmahls. Solch Unterbau eines heiligen Ortes ist einmalig in Deutschland. Die Kirche wurde 1943 zerbombt, seitdem steht der Turm als Mahnmal. Das Geschäft aber hat der Krieg nicht lange unterbrochen.

Hanseaten können sich keinen Fauxpas leisten, auch modisch nicht. Wer auf Nummer sicher gehen will, der kleidet sich bei »Ladage & Oelke« ein. Sollen andere doch braune Schuhe tragen oder weiße Socken zum Anzug. Für einen Hanseaten gehört sich das nicht. Englisch geht es hier zu, von den Socken über die Boxershorts bis zu den feinen Tuchen für Anzug und Mantel. Stilsicher und gediegen seit 1845. Tradition hat einen Namen.

Die besten Café-Plätze findet man immer noch in den Alsterarkaden entlang der Kleinen Alster. Unter dem großzügigen Bogengang lässt sich der Blick auf das Rathaus, die Schleuse und das bunte Treiben auf den Treppen gegenüber genießen. Auch die Fensterplätze im vierten Stock des Alsterhauses sind mit ihrem Blick auf Binnen- und Außenalster begehrt. Das Haus hat nach der Renovierung wieder zu alter Pracht gefunden: Luxus ist der schlichte Standard. Die Innenarchitektur ist atemberaubend, Licht durchflutet das ganze Gebäude. Es schmückt den Jungfernstieg, der nach der 5th Avenue, der 14th Street, Oxfordstreet und New Bond Street auf Platz 5 der Top-Shopping-Meilen gelandet ist.

## Shopping jenseits der City

Auch in angesagten Stadtteilen wie Eppendorf, Winterhude oder Pöseldorf kann man vorzüglich bummeln und Neues entdecken. Der Eppendorfer Baum ist so eine Gegend: Um die Ecke in der Isestraße liegt in schönster Eppendorfer Wohngegend das »Kaufrausch«, das kleinste Einkaufszentrum der Stadt. Mit oft nur wohnstubengroßen Räumen ist es verwoben, verwinkelt, einfach verrückt. Das »Café Lindtner« belohnt die Ausdauer in der Eppendorfer Landstraße.

Besonders fündig wird man in den neuen Quartieren. Am Hafenrand beispielsweise im »Stilwerk«. Am Fischmarkt in einer ehemaligen Malzfabrik ist die Designerwelt zu Hause. Rund 30 Shops zeigen alles, was edel und schick ist. Aber das Gebäude selbst ist der heimliche Star, uralt

1 *Die Bleichenhofpassage, ein Passagenpionier.* – 2 *Das ABC des Edelshoppings wird in der gleichnamigen Straße gelehrt.* – 3 *Tradition kann man nicht kaufen, Seefahrtsromantik in kleiner Dosis läuft aber gut.* – 4 *Eine erste Adresse waren die Alsterarkaden schon immer.* – 5 *Früher erstes Haus am Platze, heute* flagshipstore – *Jugendstil trifft Konsum.*

4

5

1

2

und ultramodern harmonieren hier wunderbar. Lounge-Musik und Gastronomie im Foyer, den Hafen vor der Tür, die coolen Beach-Clubs und Fischrestaurants um die Ecke. Im alten Straßenbahnwerk Falkenried geht's ähnlich edel und witzig zu.

## Sonntags um fünf

Auch unter freiem Himmel sind Hamburgs Märkte spitze. Mehr als 45 Wochenmärkte gibt es sonst nirgends. Hamburgs bekanntester Markt findet sonntags statt, und zwar um fünf Uhr morgen. Da muss man sich entscheiden: durchmachen oder früh aufstehen? Für den Akkordnieter Jonny Bumm, den der Altonaer Journalist Edgar Walsemann 1928 beschrieb, keine Frage: »Er hat einen prächtigen Fisch gekauft, dazu zwei Pfund Limburger Käse, einen Goldfisch, einen lebenden Dackel, ein sizilianisches, garantiert Eier legendes Landhuhn und einen Strauß blauer Astern. Zuweilen bleibt Jonny Bumm im Gewühl des Marktes stehen und überprüft seinen Einkauf. Es ist alles in bester Ordnung: Der Dackel hat sich unlöslich in Jonnys linkes Hosenbein verbissen, der Käse atmet in der rektalen Hosentasche seines Besitzers aromatische Blasen, der Goldfisch schwänzelt ihm purpurn aus der rechten Westentasche, das Italienerhuhn im linken Arm ist soeben sanft gestorben und an der Hundeleine folgt klaglos über Stock und Stein der treue Schellfisch seinem Herrn. Jonny Bumm ist zufrieden. Er grinst verklärt. In der schwarzen Faust, mit der er sich den Heimweg bahnt, strahlen azurblau die großen Blumen.« Jonny Bumm hatte sich aber schon am Samstagnachmittag aufgemacht, um einzukaufen, nur kam ihm der eine oder andere Grog dazwischen.

Aber es macht tatsächlich mehr Spaß, wenn man den Marktbesuch nicht frisch geduscht in Angriff nimmt. Die Marktschreier Bananen-Fred und Aale-Dieter hören sich stocknüchtern nur halb so witzig an. Immer gibt's mehr, als man dachte, am meisten aber Sprüche. Eigentlich feilschen sie mehr mit sich selbst als mit dem Kunden, wenn überhaupt. Den Geruch der Elbe, das Tuten der Dampfer und die Mixtur aus Pistengängern, Schnäppchenjägern und Sprachenwirrwarr gibt es gratis. Hier gibt's alles, auch frischen Fisch – aber der kommt heute per Laster. In der Kathedrale des Fisches, der Fischauktionshalle von 1895, frühstückt man gut bei Livemusik. Um halb zehn hat der Zauber ein Ende, kurz vorher fallen die Preise.

## Ein Stück Hamburger Poesie

Der beliebteste Wochenmarkt der Stadt findet übrigens dienstags und freitags in der Isestraße statt. Dies ist Hamburgs längster und meistbesuchter Markt, der Spezialitäten des höheren Preissegments anbietet. Das passt zum dort anzutreffenden Snob-Appeal, den die überwiegend gehobene Kundschaft aus den umliegenden Vierteln verströmt. Für Schleckermäuler ist der Stand von Hans-Jürgen und Christa Pingel das wahre Mekka. Sie verkaufen keine Süßigkeiten, sondern Glück. Das schlechte Gewissen, das die Kalorienzählerei so mit sich bringt, kommt hier gar nicht in die Tüte.

922 gusseiserne Träger und 20 Betonsäulen stemmen malerisch das Hochbahnviadukt über die Stände und machen den Markt regensicher. Fünf Tage in der Woche ist die Mitte der Straße Parkplatz. Aber seit 1949 empfinden die Leute die restlichen zwei Tage als die eigentliche Bestimmung des überdachten Mittelstreifens: Der Markt ist eine Sehenswürdigkeit, ein Stück Hamburger Poesie.

1 *Früher eine kunstvolle Fischhalle, heute eine angesagte Location am Fischmarkt: Musik, Show, Kultur.* – 2 *Musik gibt's in Hamburg rund um die Uhr, man muss nur wissen wo. Hier auf dem Fischmarkt.* – 3 *Stöbern, bummeln, staunen: Der Flohmarkt an der Feldstraße lohnt sich immer.*

*Jetzt erstrahlt der Hauptbahnhof wieder im alten Glanz! Seine ganze Größe und Schönheit erfasst man am besten aus einiger Distanz.*

1

2

1 *Die Eroberung der Bürgersteige durch die Gastronomie ist überall ein Erfolg.* – 2 *Die Galleria-Arkaden an den Großen Bleichen verleihen dem Luxus die angemessene Umgebung.* – 3 *Auch der Hauptbahnhof bietet Platz fürs Shopping, wenn andere Läden schon schließen.* – 4 *Immer in Bewegung: der Neue Wall ist Hamburgs erste Shoppingadresse.* – 5 *Unter der U3 das pralle Leben: auf dem Isemarkt am Dienstag und Freitag in Eppendorf.*

# Grün und sportlich: In Hamburg bewegt sich was!

In Deutschlands grünster Metropole treiben nicht nur rekordverdächtig viele Menschen alle nur denkbaren Sportarten. Die Stadt bietet ihren Bewohnern und Gästen gleichzeitig eine Menge Top-Events mitten in der City. Egal, wie die Sieger heißen, Hamburg gewinnt immer als grüne Bilderbuchkulisse mit dem Enthusiasmus seiner Bewohner.

*Sport wird in der Hansestadt groß geschrieben. Die Außenalster ist das beliebteste Revier für Laufbegeisterte, da trifft man beim Sonntagsspaziergang auch schon mal auf joggende Väter.*

# Freizeitpark Großstadt

## Außenalster – Planten un Blomen – Stadtparks – Hagenbeck – Sportstätten

Rudern oder segeln? Paddeln oder Tretboot fahren? Oder sich treiben lassen, vom Alsterdampfer aus genießen? Die Alster lädt zu allem ein, nur das Schwimmen ist verboten, aber daran arbeiten die Hamburger. Wo in anderen Metropolen Beton dominiert, leisten sich die Hanseaten den Luxus einer Wasser- und Parklandschaft. Die grünen Landschaften am Wasser mit ihren Oasen der Ruhe geben dem Stadt- und Landschaftsbild seinen besonderen Charakter und bieten oft ungeahnte Perspektiven auf die Stadt. Inmitten der Metropole bildet die Außenalster zusammen mit historischen Parks, neueren Grünanlagen und Uferwegen eine wundervolle Erholungslandschaft. Hier findet man Kunstwerke am laufenden Band, architektonische Kostbarkeiten und einladende Gastronomie direkt am Wasser. Und die brodelnde City ist immer nur einen Katzensprung entfernt.

Hamburg ist Deutschlands grünste Großstadt. Keine Metropole hat so viele, so große und so bedeutende Biotope. Mit Bus oder U-Bahn kann man, oft ohne umzusteigen, direkt in die »Wildnis« fahren: Nach spätestens 30 Minuten sind Moore, Urstromtäler, Naturstrände, Heide, Hirsche, Heidschnuckenherden oder steinzeitliche Hügelgräber erreicht.

### Schnaufen, sprinten, walken ...

Ohne Zweifel sind die 7,4 Kilometer um die Außenalster Hamburgs schönste Laufstrecke. Ob im Morgengrauen oder mit dezenter Nachtbeleuchtung, immer sind sie da, im Kampf um Minuten, gegen den inneren Schweinehund, die Kilos, die Trägheit. Sie laufen um den Flugplatz, durch den Hafen, durch die Obstgärten an der Elbe.

Doch nicht nur der Breitensport boomt, auch der Hamburg-Marathon ist national und international spitze. Nur in Berlin laufen noch mehr Athleten, in der Welt-Liga ist man unter den Top Ten. Neben der Laufstrecke durch Hamburgs viele schöne Ecken fasziniert das Ereignis aber auch wegen der Hamburger selbst. Sie feiern sich und das Feld der Läufer oder umgekehrt. Sport im Zentrum einer Großstadt, erst recht in Hamburg, ist etwas Besonderes.

Die Rückkehr des Sports in die Innenstadt ist in Hamburg Programm. Dank seiner natürlichen Schätze hat die Stadt alle Möglichkeiten dafür: Die Triathleten schwimmen durch die Binnenalster, laufen um die Außenalster, fahren Rad durch die ganze Stadt. Bei den »Hamburg Cyclassics« fiebern Hunderttausende mit den Weltstars auf zwei Rädern. Auf der Alster findet die Europameisterschaft der Match-Race-Segler statt. Speed-Rowing, Drachenboot-Rennen oder ganz normale Meisterschaften, immer mehr Events der Spitzenklasse zeigen die Hamburger so emotional, wie man sie sich sonst kaum vorstellen kann. Und darüber hinaus bieten sie wie in keiner anderen Stadt mittendrin Gänsehaut und Unterhaltung. Letzter Neuzugang bei den Sport-Events: Urbanathlon! Nie gehört? Entlang der Elbmeile, zwischen Fischmarkt und Övelgönne findet ein Lauf mit spektakulären Hindernissen und hohem Spaßfaktor statt. Fast 5000 Teilnehmer wollen's wissen!

Es kann aber auch ganz beschaulich zugehen, im Grünen, nur ein paar Minuten vom Gänsemarkt oder Congress-Centrum ent-

1 *Drachenboote sind die Stars auf der Außenalster.* – 2 *Beim Hamburger Triathlon darf jeder teilnehmen, er muss nur fit genug sein und darf keine Angst vor »Alsterwasser« haben!* – 3 *Künstlich, aber wahr: ParcFiction am Pinnasberg. Die Aussicht ist umwerfend.*

2

mika timing
HAMBURG WASSER
DEXTRO ENERGY

3

Vertrieb direkt vom Bauträger
7AFFEN

1

fernt. Hier schlängelt sich ein gigantischer Park entlang der alten Stadtbefestigung. Die Hamburger nennen ihn »Planten un Blomen« (Pflanzen und Blumen), doch er bietet so viel mehr: Rosengärten, Seen, Europas größten japanischen Garten, üppige Gewächshäuser, zahlreiche Spielplätze und Musikpavillons.
Hamburg ist die weitläufigst besiedelte Millionenmetropole der Welt, doch als gartenreichste Stadt Deutschlands besitzt sie genauso viel Wald- wie Wasserfläche. Mit 28 Naturschutzgebieten stehen acht Prozent des Stadtgebiets unter Naturschutz.

## Parks braucht das Volk

Noch ausgeprägter als die sprichwörtliche Liebe der Hanseaten zum eher wilden und ungezähmten Grün ist ihre Leidenschaft für Gärten und Parks. Spätestens seit der Vertreibung aus dem Paradies sind sie Orte der Sehnsucht, Refugien der Ruhe und Erholung. In ihrer faszinierenden Unterschiedlichkeit bieten sie ein Angebot für jeden Geschmack. Die größte Grünzone der Stadt ist der zwischen 1910 und 1924 entstandene Stadtpark. Er ist der »Central Park« der Stadt mit Erholungs- und Sportflächen auf 180 Hektar, ein Freizeitrevier und Open-Air-Kommunikationszentrum. Entstanden ist es aus politischen Überlegungen: Er sollte ein Volkspark für alle Kreise der Bevölkerung sein. Besonders für die Bewohner der dicht besiedelten Stadtteile Barmbek und Winterhude, die eng und schlecht belüftet waren. Der erste Direktor der Hamburger Kunsthalle, Alfred Lichtwark, sorgte sich, »ob seine Vaterstadt, wenn nicht ein großer Stadtpark geschaffen wird, auf die Dauer bewohnbar bleibt«. Mit seinem Parksee, der per Dampfer oder Kanu über die Kanäle erreichbar ist, dem Planetarium, Naturbad, Biergarten, Bootsverleih, den Sportplätzen, Planschbecken, Blumengärten und Restaurants erhöht der Stadtpark noch heute die Lebensqualität der Hamburger.
Der Altonaer Volkspark entstand aus ähnlichen Motiven kommunaler Grünplanung. Neben der Befriedigung der Erholungsbedürfnisse großer Menschenmassen, die über keine eigenen Gärten verfügten, sollten die Parks auch noch erzieherische Funktionen erfüllen.
Der bekannteste Park Hamburgs aber ist der Tierpark: Geh'n wir mal zu Hagenbeck! Der Tierpark ist nicht nur eine lieb gewonnene Institution, sondern auch eine kulturell wichtige Gartenanlage. Der alte Eingang zum Reich der Affenfelsen, Löwenhöhlen und Flamingoteiche aus dem Jahr 1907 ist einfach prächtig. Benutzen kann man ihn übrigens nicht mehr, aber noch besichtigen. Hagenbecks Parkanlage möchte möglichst große Naturnähe simulieren. Dieses Konzept wird weltweit nachgeahmt, in Hamburg ständig verfeinert und modernisiert, wie etwa die riesige Glaskugel des Orang-Utan-Geheges zeigt. Mich laust der Affe, möchte man sagen, wenn per Knopfdruck die Welt der Primaten zum Freiluftgehege wird. Im Jubiläumsjahr 2007 wurde ein neues Tropen-Aquarium eingeweiht, und nun kommt noch das grandios-fröstelige Eismeer-Projekt dazu.

Die Faszination des Fremden wollte Carl Hagenbeck den Städtern nahebringen. Lange lieferte er ihnen die Illusion einer verlockenden und unbekannten Exotik, bevor Kino, Fernsehen und Fernreisen Tiger und Co. alltäglicher machten. Hagenbeck machte und macht Träume wahr, nicht nur für Kinder.
Die größte zusammenhängende Grünfläche in Hamburgs am dichtesten besiedelten Stadtteil St. Pauli war lange der Rasen des Millerntor-Stadions. Im Viertel,

1 *Inspiration, Kontemplation, Meditation – oder einfach nur dem Gluckern zuhören? Die Wege zum Glück sind so vielfältig wie die Natur.* – 2 *Was gibt's denn da zu gucken? Walross Antje war das Maskottchen des Norddeutschen Rundfunks.*

das wenige Spielplätze für Kinder und auch für Erwachsene wenig Auslauf bietet, forderten Bewohner schon lange einen Park. Seit 2005 gibt es am Hafenrand, oberhalb der Riverkasematten, einen Minipark mit künstlichen Palmen. Rollrasen ziert die Rundungen und Inseln von Hamburgs einzigem Park, der auf einem Dach angelegt ist. Es ist das Dach der Turnhalle am Pinnasberg, von dem aus man den besten Blick auf die Elbe hat. Dock 10 liegt genau gegenüber, sichtbar

geblieben, weil der Park auch ein Erfolg gegen die drohende Blockbebauung des Elbhangs ist. Das ungewöhnliche Gemeinschaftsprojekt lokaler Künstler, Bewohner und besonders der vielen Kinder ist mittlerweile berühmt. So hat man die Macher auf die »Dokumenta 11« eingeladen, um ihre Version von Kunst im öffentlichen Raum vorzustellen. Ob man ihn nun mag oder nicht, im Antoni-Park ist die ganze Pracht des Hafens zu bestaunen. Und er lädt zum Träumen ein. Beispielsweise davon, dass Wünschen manchmal doch hilft.

Auch der größte Parkfriedhof Europas in Ohlsdorf ist ein beliebtes Ausflugsziel. Mit seinen 400 Hektar ist er mehr ein öffentlicher Park als eine Begräbnisanlage. Themenrundgänge zur Grabkultur oder Botanik finden viele Interessierte.

Ganz anders mitten in Eppendorf ist der Haynpark: klein, fein und übersichtlich, aber besonders durch den Monopteros-Tempel am Wasser ein Schmuckstück.

## Historisch-edle Parks

Charakteristisch für Hamburgs grüne Lungen sind jedoch die einst privaten Parks in den Elbvororten. Wie eine Perlenkette ziehen sich vom Donnerspark in Altona bis zum Schinkelpark in Blankenese zwölf Grünanlagen der feinsten Art die Elbe entlang. Im stark befestigten und dicht bebauten Hamburg des 17. und 18. Jahrhunderts gab es kaum Platz für Gärten. Die Bürger legten sie deshalb vor den Stadttoren an. Vor allem die reichen Kaufleute schufen sich prächtige Sommersitze. Im 17. Jahrhundert bevorzugte man die Flächen des platten Marschlandes, denn der streng geometrische niederländische Gartenstil verlangte die weite Ebene und ein großes Wasserreservoir. Als sich dann um 1750 der Geschmack zum englischen Landschaftsgarten wandelte, entdeckte man die hügeligen Elbvororte. Zu jener Zeit entstanden die Villen an der Elbchaussee, von denen manche samt ihren Parks erhalten geblieben sind. So etwa das Hirschparkhaus Godeffroys oder das Landhaus von Baron Voght, das Jenischhaus. In den 1920er-Jahren zwang die wirtschaftliche Not einige Kaufleute, ihren Besitz zu verkaufen oder drastisch zu verkleinern. Altonas Oberbürgermeister Max Brauer sorgte dafür, dass diese Parks nicht parzelliert, sondern öffentliche Grünanlagen wurden. Heute verzeichnen diese prachtvollen Gärten vor allem an den Wochenenden viele Besucher.

## Ob elitär oder volkstümlich: Man treibt Sport

Was für das Parkangebot gilt, trifft auch auf den Sport in Hamburg zu: Für jedes Interesse gibt es das Richtige. Die Innenstadt war Wiege des europäischen Vereinssports: Die Hamburger Turnerschaft von 1816 baute die weltweit erste Turnhalle, 1836 gründete sich der zweitälteste Ruderclub der Welt, der Hamburger und Germania Ruderclub. Die erste Segelregatta fand 1850 statt, 1888 entstand der deutsche Seglerverband. Schon lange ist Hamburg die Metropole des Pferdesports: In Flottbek wird im Mai das Spring- und Dressurderby abgehalten, das Galoppder-

1 *Der Welt draußen ganz fern: Idyll auf dem Ohlsdorfer Friedhof.* – 2 *In Blankeneses Hirschpark sind die Bäume stumme Zeugen der Geschichte dieses Nobelvororts.* – 3 *Friedhöfe werden als Parks angesehen, Kulturgeschichte in Marmor.*

2

3

1

2

by findet auf der Rennbahn in Horn statt. Auf 120 Kilometern Reitwegen bewegen sich jeden Tag Tausende von Reitern im Stadtgebiet. Polo ist der Klassiker in der anglophilen Society Hamburgs, doch bei den British Days auf dem Poloplatz kann jeder der Last Night of the Proms zuhören.

Der Golfsport kann sich damit rühmen, der viertstärkste Sportverband in Hamburg zu sein; 1907 entstand der Deutsche Golfverband. In der Region der Metropole Hamburg gibt es 23 Clubs, einige davon auch in der Stadt. Sehr beliebt für ein paar Bälle zwischendurch in der Mittagspause ist die Driving Range der Golf Lounge direkt an den Elbbrücken. Der Club Falkenstein und der Club Gut Kaden sind sowohl sportlich als auch gesellschaftlich erste Adressen.

Hier kennt die Fantasie für sportliche Ereignisse keine Grenzen. Die Hamburger veranstalten einen Marathon durch den Alten Elbtunnel oder bauen ein mobiles 25-Meter-Wasserbecken auf dem altehrwürdigen Centercourt der Rothenbaum-Tennisanlage auf, um der Weltelite der Schwimmer beim Sprint zuzusehen. Den Rathausmarkt verwandeln sie in einen Strand für das Beachvolleyball-Turnier, nebenan startet die Weltelite der Triathleten.

Doch auch der normal sportliche Bürger findet in seinem Alltag neben den natürlichen Möglichkeiten eine vorbildliche Breitensport-Infrastruktur. Schlagzeilen machen zwar eher die Leistungszentren und Olympiastützpunkte. Am meisten aber die neue Arena für den HSV und die Color-Line-Arena, in der die Handball- und Eishockey-Bundesliga-Teams ihr neues Zuhause gefunden haben. Die unvergesslichste Stimmung bietet jedoch, egal, auf welchem Platz die Kiez-Kicker des FC St. Pauli gerade herumkrebsen, die »Paadie« am Millerntor. Es läuft einem ein Schauer über den Rücken, wenn im Freudenhaus der Liga die Hymne »You'll never walk alone« zelebriert wird. Non-established since 1920, alle Achtung.

Obwohl Hamburg mit seiner Olympiabewerbung 2003 gescheitert ist, bleibt die Stadt Feuer und Flamme für den Sport. Ob Hamburg in absehbarer Zukunft noch einmal an eine Olympia-Bewerbung denkt, ist ungewiss. Hamburg hat auch ohne die fünf Ringe genug Möglichkeiten, sich an der Spitze zu etablieren. Vom Konzept der Olympischen Spiele am Wasser und im Herzen der Stadt realisiert die Stadt zwei Visionen: Die Hafen-City wächst heran, und in ihr entsteht eine großartige Wasser- und Parklandschaft mit neuen Spielräumen für Sport und Begegnung. Ein Hintertürchen bleibt: Flächen für die Spiele können im Hafen-City-Masterplan sogar noch bis 2028 frei gehalten werden. Da geht doch was!

1 *Falkenstein im Westen Hamburgs gehört zu den Top-5-Golfplätzen in Deutschland.* – 2 *»Very british« geht's in Flottbek zu, für Polo braucht man viele Pferde und viel Geld.* – 3 *Morgens um neun ist die Welt noch in Ordnung. Marathonstart an der Gnadenkirche bei den Messehallen.* – 4 *Das Deutsche Derby ist aus Hamburg nicht wegzudenken. Schon der Hüte wegen nicht.* – 5 *Möglichst kraftvoll, möglichst gleichzeitig, sonst kommen die schweren Drachenboote nicht in Schwung.*

D
GER
349

*Die Dampfer der Weißen Flotte haben auf der Außenalster Vorfahrt, auf den Pontons, Stegen, Brücken und Wiesen ringsum gilt: Wer zuerst kommt, mahlt zuerst.*

Seite 142/143

1 *Man baute Kanäle, um mehr Wassergrundstücke zu haben. Die Kanufahrer freut's.* – 2 *Wer nicht selber rudert oder segelt, sollte die Alster per Dampfer erkunden. Grandios!* – 3 *Segel- und Ruderclubs säumen die Außenalster. Mietboote aller Art gibt es in vielen Bootshäusern.* – 4 *Friedliche Koexistenz von Mensch und Tier an der Außenalster. Warum sollte man da noch verreisen?*

1

3

4

# Hamburgs Top Ten

**Landungsbrücken**

Wie viel Hafen darf es sein? Es riecht nach Fernweh! Von hier aus geht es nach Finkenwerder oder Valparaiso, per Barkasse oder mit den Containerriesen. Hafenrundfahrten starten von Vorsetzen oder den Landungsbrücken in jeden Winkel des Hafens, spezielle Touren auch nach Wilhelmsburg, zum Auswanderermuseum Ballinstadt oder mit Schwerpunkten wie Containerterminals und Werften. Die kleineren Schiffe erkunden die Fleete der Speicherstadt. Teile des Hafens sind auch befahrbar als Teil des Streckennetzes des HVV: Auf nach Teufelsbrück oder Blankenese! Unbedingt ansehen: Die Museumsschiffe »Rickmer Rickmers« und »Cap San Diego«. Ein Muss auf den Landungsbrücken: ein Fischbrötchen vorm Trockendock!

**Speicherstadt und Hafencity**

Stolze Vergangenheit und prickelnde Zukunft sind hier nur durch ein Fleet voneinander getrennt! Sind die Backstein-Lagerhäuser UNESCO-Weltkulturerbe, so zeigt der neue Stadtteil Zukunftsvisionen in Stahl und Glas – die Hafen-City ist unbestritten Hamburgs tollste Baustelle. Im Kesselhaus kann man sich einen Überblick verschaffen, sehenswert sind das Speicherstadtmuseum, das Maritime Museum und das Gewürzmuseum. Man sollte unbedingt ein Teppichlager besuchen im weltgrößten Lagerort für Orientteppiche – oder die größte Modelleisenbahnanlage der Welt im Miniatur-Wunderland! www.hafencity.com, www.speicherstadtmuseum.com, www.spicys.de, www.miniatur-wunderland.de.

**Hamburg von oben**

Darüber nur noch der Himmel, unter den Füßen feinster Barock des Hamburgs Wahrzeichens, dem »Michel« und ein Blick auf Stadt und Hafen, der jede Stufe der 82 Meter Höhe wert ist. (Einen Lift gibt es auch!) In die Kirche passen 2500 Besucher, auf der Besucherplattform wird es schnell eng. Um 10 und 21 Uhr schickt der Turmbläser einen Choral in alle Himmelsrichtungen. www.st.michaelis.de Höher ist man auf dem Turm von St. Petri mitten in der City, stolze 123 Meter mit einer Aussicht, als sei die Stadt genau dafür gebaut. www.sankt-petri.de. Gänzlich unchristlich und ohne Stufen: Der weltgrößte Fesselballon steigt bei den Deichtorhallen am Hauptbahnhof an Seilen gebändigt auf 150 Meter. Mehr Panorama geht nicht. www.highflyer-hamburg.de

**Fischmarkt**

Sonntagmorgens ein Muss zum Ausklingen der Nacht oder zum Start in den Tag: Der Fischmarkt in der Großen Elbstraße rund um die sehenswerte Fischauktionshalle. Irres Publikum, tolle Sprüche und ein Geruch, den man den ganzen Tag nicht mehr los wird. Ramsch, Rummel und Tradition von 5 Uhr bis 9.30, das Marktgeschrei schon mal testen auf »Fischmarkt-Fight« auf YouTube®. Um Fisch und nichts als Fisch geht es im Fischmarkt in der Elbstr. 137 nach dem Motto: »Wenn es schwimmt, haben wir's!« – für Fischfans ein Mekka, für Gastronomen Pflicht. Mo–So ab 3 Uhr, ab 7.30 Uhr machen die Ersten wieder zu. Leckeren Fisch und Kaffee gibt es im Bistro des Marktes. www.fischmarkt-bistro.de.

**Heute bin ich Kapitän!**

Segeln mitten in der Stadt? Schöner als auf der Außenalster geht es nicht – Traumkulisse, historische oder sportliche Jollen und Kielboote bei diversen Bootsstegen zur Miete – fehlt nur noch eine leichte Brise. Doch Vorsicht: Das Revier ist nicht ohne! Trost: Schöner kann man nicht kentern. Gute Boote bei Bobby Reich, an Bodos Bootssteg oder bei Käptn Prüsse. www.alstersegler.de. Per Kanu in Hamburgs Amazonien, durch stille Kanäle in Winterhude oder zum Stadtpark geht es beschaulich oder sportlich vom Kämmererufer, Bootsverleih Dornheim. Ein Eis bekommt man auch vom Wasser

3

1 *Alter Bau in neuer Pracht: Früher war hier die Hauptpost, heute ist es die Bibliothek.* – 2 *Ja, wo laufen sie denn? In Hamburg jederzeit und fast überall.* – 3 *Auch die Gärtner im Stadtpark zeigen sich ein wenig patriotisch.*

aus im »Café Canale« am Poelchaukamp 7. Tipp, wenn Sie nur im Kreis fahren: vorn Gas geben, hinten steuern!

**Hagenbeck**
Hamburg hat keinen Zoo, Hamburg hat Hagenbeck. Die Geburt von Tiger- oder Elefantenbaby sind Stadtgespräch. Hamburgs coolster Ort ist das neue Eismeer, wegweisend auch die Kuppel des Orang-Utan-Geheges, die erste gitterlose Tigerschlucht und das nagelneue Tropenaquarium. Auf der Japanischen Insel betritt man eine andere Welt, im Frühling wird einem schwindlig bei all der Blütenpracht. Nicht verpassen: Die Fütterung der Elefanten!! Beim ersten öffentlichen Auftritt der Elefantenbabys steht Hamburg Schlange.
www.hagenbeck.de

**Hamburger Kunsthalle und Galerie der Gegenwart**
Drei markante Gebäude in Alsternähe beherbergen eine der wichtigsten öffentlichen Kunstsammlungen Deutschlands. In der Kunsthalle Schwerpunkt die Deutsche Romantik, aber auch der Rest des Rundgangs durch sieben Jahrhunderte Kunstgeschichte ist einmalig.
Beachten sollte man die Sonderausstellungen des forschenden Museums auf internationalem Niveau. Mathias Unger entwarf den schlichten Würfel zur Alsterseite, der die zeitgenössischen Kunstwerke in der Galerie der Gegenwart präsentiert: Serra, Baselitz, Richter, Polke, Warhol.
Führungen finden jeden Sonntag um 16 Uhr statt. Erhebend: Sich im »Café Liebermann« in der Säulenhalle des Altbaus stärken.
www.hamburger-kunsthalle.de

**Rathaus**
Sprichwörtlich ist das hanseatische Understatement, bei ihrem Rathaus aber haben die Hamburger – die sich nie einem König gebeugt haben – richtig geklotzt: Das Bauwerk im Stil der Neorenaissance von 1886 bis 1897 hat mehr Räume als der Buckingham Palace und thront auf 4000 Eichenpfählen: Sitz von Regierung und Parlament, in Hamburg Senat und Bürgerschaft. Aufwendig mit Skulpturen verziert die Fassade, imposant die Eingangshalle und der Große Festsaal. Idyllisch der Innenhof mit Hygieia-Brunnen und Open-Air-Klassik-Konzerten im Sommer.
www.hamburg.de/rathaus

**Die neue Reeperbahn**
Die »Tanzenden Türme« am Beginn der weltbekannten Vergnügungsmeile (genauer: 930 Meter lang) machen klar: Das neue St. Pauli ist anders! Teurer, schicker, bunter. Zwischen der Uralt-Kneipe »Zum Silbersack« – null Veränderung – und der ultimativen Bar »20up« im »Empire-Riverside Hotel« – hier stand früher eine Brauerei – liegt auf 200 Metern Entfernung die ganze Wahrheit: Nichts ist beständiger als der Wandel. Auf St. Pauli wie überall. Die Heimat der Touristen brummt: Ausgeh-Meile, Piste, Musik-Clubs und Theater, Tattoo-Shops, Sex jetzt auch mit Flatrate-Tarifen, viel Essen und noch mehr Trinken. Der Mythos lebt, geträumt wird immer – oder auch nur am Wochenende heftigst Party gemacht.

**Musicals**
Hamburgs Musicalproduktionen locken jedes Jahr mehr als zwei Millionen Besucher an die Elbe – Hamburg ist Deutschlands Musical-Hauptstadt, Nr. 3 der Welt nach New York und London. Im Operettenhaus fing mit »Cats« alles an, fast 15 Jahre lang. »Das Phantom der Oper«? 11 Jahre. Und der »König der Löwen« brüllt im eigens erbauten Zelttheater mitten im Hafen seit 2001. Ein neues Theater ist nebenan fast fertig. Der neueste Hit, das Musical »Rocky«, wird es erstmals auf den Broadway nach New York schaffen. Und dann noch die kleineren Spielstätten mit nicht weniger erfolgreichen Musicals wie das »Schmidts Tivoli« mit »Die heiße Ecke«, Gastproduktionen in der Staatsoper. Hamburg, das ist Musical total.
www.hamburg.de/musicals

# Festivals & Events

**Hafengeburtstag**
Immer Anfang Mai findet das weltweit größte maritime Fest mit Aktionen zu Lande, auf dem Wasser und in der Luft statt. Legendär das Schlepper-Ballet auf der Elbe und die Einlauf- und Auslaufparade der Großsegler, Passagierschiffe und allem, was schwimmt. Für Landratten aus dem Binnenland ein Muss ebenso wie für die Hamburger – der Hafenrand wird zur Flaniermeile. Diverse Mitsegel- und Begleitfahrten möglich, rechtzeitig buchen!
www.ndr.de/Hafengeburtstag

**Deutsches Springderby**
Im Mai trifft sich die Elite in Klein-Flottbek. Seit mehr als 90 Jahren gilt der Parcours im feinen Elbvorort als der weltweit schwierigste. Pulvermanns Grab? Keine Sorge, an diesem Hindernis werden höchstens Siegträume begraben! Gehört zu den internationalen Top-Events der Springreiter. Parallel finden auch Dressur-Wettbewerbe statt.
www.nfr-hamburg.de

**Elbjazz Festival**
Ein erstklassiges Programm vor einer außergewöhnlichen Kulisse – ein Muss für Jazzfans, die auf dem Werftgelände von Blohm&Voss, an Bord des Stückgut-Frachters »MS Bleichen«, im Kehrwieder-Theater oder im Hafenmuseum Jazz vom Feinsten hören. Von Konzert zu Konzert schippert man durch den Hafen!
www.elbjazz.de

**Hagenbeck-Nächte**
An drei Abenden im Mai vermischen sich, wenn es dunkel wird, im Zoo die Geräusche des Dschungels mit exotischen Klängen afrikanischer und lateinamerikanischer Musik. Dazu sind geheimnisvolle Illuminationen zu sehen. An drei Abenden im August spielt außerdem ein komplettes Sinfonieorchester in 17 Formationen ungezwungen und fröhlich Mozart, Bach und Vivaldi zwischen Elefanten, Pinguinen und Braunbären. Und dazu gibt es ein Feuerwerk, unterlegt mit Händels Musik!
www.hagenbeck.de

**Reeperbahn-Festival**
Der Spielbudenplatz ist das Epizentrum des größten deutschen Club-Festivals für internationale Newcomer an über 50 Spielstätten, St. Pauli der Treffpunkt für passionierte Festivalgänger, Kunstbegeisterte und Professionals bei einem der drei wichtigsten europäischen Events – hier schlägt Ende September das Musik-Herz Europas.
www.reeperbahnfestival.com

**Altonale**
Hamburgs größtes Stadtteilfest lockt in der ersten Junihälfte mit Livemusik, Theater, Zirkus. Die abschließende Spaßparade überwältigt mit einem internationalen Großaufgebot an Kostümen und Masken, Artistik und Clownerien, Stelzenläufern und Dauergetrommel. Nichts für Lärmempfindliche!
www.altonale.de

**Cruise Days**
Nicht nur die Hamburger lieben die Riesendampfer und Superlative – 500 000 Schaulustige kommen zur größten Kreuzfahrtparty an der Elbe, wenn die königlichen Cunard-Schiffe oder das »Traumschiff« sich die Ehre geben. Höhepunkt ist die Schiffsparade im illuminierten Hafen – zum Wegträumen! Buntes Rahmenprogramm auch an Land – leider nur alle zwei Jahre, das nächste Mal Anf. August 2014.
www.hamburgcruisedays.de

**Alstervergnügen**
Rund um die kleine Binnenalster verwandeln sich die klassischen 4 Prachtstraßen für vier Tage in 4 exquisite, sportliche, kulinarische oder musikalische Themenzonen – dann wird das Herz der City zum großen Spielplatz des Hamburger Familienfestes schlechthin. Eine Million Gäste schätzen seit 30 Jahren den sommerlich-maritimen Charakter der großen Sause, zu der gut essen und trinken genauso gehören wie Musik, Tanz und Kultur. Höhepunkt der ersten drei Abende ist das legendäre Höhenfeuerwerk über dem Wasser. Immer Ende Aug./Anf. Sept.
www.alstervergnuegen.info

1 *In Asien zu Hause, in Hamburg beliebt: Drachenbootregatta auf der Alster.* – 2 *Musikantenwettstreit beim Hafengeburtstag.* – 3 *Prachtbau in der Hohe Bleichen. Dabei soll der Betrachter doch reinkommen!*

# Zeittafel

**810**
Die Hammaburg wird erbaut.
**937**
Hamburg erhält Marktrechte.
**1189**
Gründung des Hafens. Friedrich I., Barbarossa, garantiert den Bürgern freie Fahrt auf der Unterelbe.
**1270**
Hamburg erhält Stadtrecht.
**1321**
Hamburg wird Hansemitglied.
**1510**
Hamburg wird Freie Reichsstadt, ist nur dem deutschen Kaiser unterstellt.
**1669**
Auflösung der Hanse.
**1806–1814**
Französische Besatzung.
**1819**
Freie und Hansestadt Hamburg.
**1842**
Der Große Brand schädigt die Innenstadt schwer.
**1847**
Gründung der HAPAG.
**1888**
Zollanschluss an das Deutsche Reich, Fertigstellung der Speicherstadt.
**1892**
Choleraepidemie: 8600 Menschen sterben im Gängeviertel.
**1907**
Carl Hagenbeck eröffnet seinen Tierpark.
**15.5.1910**
Gründung des Fußball-Clubs FC St. Pauli.
**1911**
Hamburg bekommt einen Landeplatz für Flugschiffe.
**1943**
Im Feuersturm durch alliierte Bomben sterben 35 000 Menschen. Eine Million Menschen werden obdachlos.
**1952**
In Hamburg geht Deutschlands erster TV-Sender in Betrieb.
**24.06. 1952**
In Hamburg wird die erste BILD-Zeitung verkauft.
**1962**
Eine Sturmflut fordert 317 Menschenleben.
**13.04.1962**
In der Großen Freiheit 39 starten die Beatles ihre Karriere.
**16.05. 1974**
Helmut Schmidt wird fünfter Deutscher Bundeskanzler.
**1975**
Eröffnung des Neuen Elbtunnels.
**25.02.1983**
Stapellauf des letzten Schiffsneubaus.
**1985**
Mit dem Musical »Cats« beginnt Hamburgs Karriere als Musical-Hochburg.
**1987**
Hamburg geht eine Städtepartnerschaft mit Dresden ein. Matthias Rust landet mit seiner Cessna auf dem Roten Platz in Moskau.
**04.04.1992**
Maria Jepsen wird die weltweit erste lutherische Bischöfin.
**1996**
Der Internationale Seegerichtshof nimmt in Hamburg seine Arbeit auf.
**06.05.1999**
Gleichgeschlechtliche Ehe in Hamburg offiziell.
**20.06.2001**
Spatenstich für das erste Gebäude der Hafen-City.
**2004**
Ole von Beust gewinnt nach 44 Jahren SPD-Regierung die Bürgerschaftswahl.
**2006**
Der Airbus A 380 macht einen Probeflug über Hamburg, erste Landung 2007.
**April 2007**
Baubeginn der Hamburger Philharmonie auf dem alten Kaispeicher A.
**27.06.2007**
Loki und Helmut Schmidt feiern ihre Eiserne Hochzeit.
**21.10.2010**
Loki Schmidt stirbt.
**2011**
Olaf Scholz gewinnt die Bürgerschaftswahl mit absoluter Mehrheit.
**2012**
Projekt Green Capital – Hamburg ist Umwelthauptstadt Europas.
**13.11. 2012**
Hamburg schließt als erstes Bundesland einen Vertrag mit muslimischen Verbänden, der künftig das Zusammenleben regeln soll.
**April 2013**
Eröffnung der Internationalen Bauausstellung und der Bundesgartenschau in Wilhelmsburg, der größten Flussinsel Europas.

1

2

# Übernachten & Genießen

## Alster

**Übernachten**

Hotel Atlantic

Hamburger nennen das Grandhotel von 1909 ihr »Weißes Schloss« an der Außenalster. Es steht noch immer in der Tradition der 1. Klasse. Gesellschaftlicher Mittelpunkt Hamburgs, viele Empfänge und Prominente. Udo Lindenberg ist hier Gast seit 17 Jahren. An der Alster 72, Tel. 28880, www.kempinski.com

Afternoon-Tea im Hotel Vier Jahreszeiten

Luxus pur zur Blauen Stunde an der Binnenalster. Mehr Stil als diese Zeremonie geht nicht – zwei Stunden lang Lord und Lady zu sein hat seinen Preis, lohnt sich aber. Neuer Jungfernstieg 9–14, Tel. 34930, www.fairmont-hvj.de

Wedina

Rot? Blau? Gelb? Grün? Vier Häuser, vier Stile, satte Farben. Bücherliebhaber wollen nie mehr weg von diesem Lieblingsort berühmter Literaten. Dazu ein wunderbarer Garten. Gurlittstr. 23, Tel. 2808900, www.wedina.de

## City

**Übernachten**

Park Hyatt

Klein ist hier ein Fremdwort – im ehemaligen Kontorhaus mitten in der City dominiert XXL. Ob Zimmer, Wellnessbereich oder Promi-Dichte, die Größe überzeugt. Dabei sehr relaxed. Bugenhagenstr. 8, Tel. 33321234, www.hamburg.park.hyatt.de

Village

Das plüschige Ambiente erinnert an die Zeiten als Edelbordell. Das Besondere heute ist die Extravaganz der Zimmerausstattung, hier bleibt auch kein Traum unerfüllt. Baldachine und Himmelbett inklusive. Steindamm 4, Tel. 4806490, www.hotel-village.de

Side

Die futuristische Architektur hält immer noch ihren Vorsprung. Im Mega-Lobby-Atrium ist die Lichtshow der Star. Der gläserne Trockenraum für die Rinderhälften ist eine Probe für Vegetarier, aber Luxus und Lifestyle belohnen. Drehbahn 49, Tel. 309990, www.side-hamburg.de

**Restaurants**

Die Bank

Die Menus sind eine gute Investition in diesem Restaurant, dessen Finanzvergangenheit liebevoll gepflegt wird. Jeans oder Anzug? Egal. Hohe Bleichen 17, Tel. 2380030, www.diebank-brasserie.de

Fillet of Soul

Augen auf lohnt sich nicht nur im Haus der Fotografie, dem Standort der berühmten offenen Küche cooler Köche. Deichtorstr.2, Tel. 70705800, www.fillet-of-soul.de

Piccolo Paradiso

»Bio ist besser!« – das gemütliche Weinrestaurant mit Bio-Zertifikat beweist es. Die Köchin ist Vegetarierin, und alle Hauptspeisen gibt es auch ohne Gluten und Milcheiweiß. Brüderstr. 27, Tel. 35715358, www.piccolo-paradiso.de

## Speicherstadt und Hafen-City

**Übernachten**

25 Hours

Koje frei? Hafenflair mitten im neuesten Stadtviertel Hamburgs. Das Haus besticht mit maritimen Ideen und origineller Verwendung von Seefahrtrelikten. Überseeallee 5, Tel. 2577770, www.25hours-hotels.com/hafencity

**Restaurants**

Wasserschloss

Tee nur aufgießen? Da geht noch mehr! Im stilvoll renovierten Speicherstadt-Palast werden damit auch alle Speisen gewürzt! Einzigartiger Geschmack, passt zur Location. Dienerreihe 4, Tel. 558982640, www.wassserschloss.de

Brook

Spitzenküche ohne Kopfzerbrechen, da das Preis-Leistungs-Verhältnis unglaublich ist. Daher spezielle Menüs erfragen, Businesss-Lunch sehr gut und günstig. Bei den Mühren 91, Tel. 37503128, www.restaurant-brook.de

Vlet

Das stylish modernisierte historische Ambiente der Speicherstadt ist eine Augenweide, die Sterne-Küche punktet mit Überraschungen: Regionales kreativ und eigenwillig.

3

*1 Das Foyer des »Dorint«-Hotels zeigt Größe. Designer-Hotels sind en vogue. – 2 Für die Partygäste nur schöne Kulisse, für die anderen nächtliche Arbeitsplätze. – 3 Im Jena-Paradies beim Hauptbahnhof macht sogar das Warten Spaß.*

Am Sandtorkai 23–24, Tel. 334753750, www.vlet.de

## Hafen

### Übernachten

Cap San Diego

Die schwimmende Schönheit ist das größte maritime Museum der Welt. Und ein Hotel für alle, die den Charme der 1960er-Jahre ebenso lieben wie den Klang der Wellen. Übersee-Brücke, Tel. 364209. www.capsandiego.de

Stintfang

5-Sterne-Lage oberhalb der Landungsbrücken, aber für kleines Budget. Die Jugendherberge trumpft mit Panoramadach auf, drinnen gibt's 2- bis 6-Bett-Zimmer inkl. Frühstück. Unbedingt reservieren. Alfred-Wegener-Weg 5, Tel. 5701590, www.jugend herberge.de

### Restaurants

Brücke 10

Die schönste Fischbude Hamburgs! St. Pauli Landungsbrücken, Brücke 10, Tel. 65046899, www.bruecke-10.de

Fischereihafen-Restaurant

Bloß nicht einschüchtern lassen! Beim zweiten Glas ist die etwas steife Atmosphäre wie weggeblasen. Dazu der Blick auf die Elbe, 1. Reihe. Kowalkes Küche zählt zu den besten der Stadt. Hohe Promi-Dichte, unbedingt reservieren – Fensterplatz! Große Elbstr. 143, Tel. 381816, www.fischerei hafenrestaurant.de

## Nienstedten und Blankenese

### Übernachten

Louis C. Jacob

Museum und Galerie, aber vor allem das feinste Hotel im Westen Hamburgs. Genuss auf höchstem Niveau am Fluss mit Sterne-Küche. Der Elbblick von der Lindenterrasse, der schon Max Liebermann inspirierte, ist inklusive. Elbchaussee 401, Tel. 822550, www.hotel-jacob.de

Strandhotel Blankenese

Das alte Jugendstilhotel am Strand gibt einem das Gefühl, dazuzugehören – zum noblen Treppenviertel, zur hanseatischen Tradition, die hier mit maritimer Leichtigkeit daherkommt. Strandweg 13, Tel. 861344, www.strandhotel-blankenese.de

## St. Pauli und Schanzenviertel

### Übernachten

East

Nicht wiederzuerkennen ist die alte Eisengießerei auf dem Kiez. In den Bars, im Restaurant und im Club ist immer was los, zum Schlafen viel zu schade. Simon-von-Utrecht-Str. 31, Tel. 309930, www.east-hotel.de

### Restaurants

Imbiss bei Schorsch

Eine Institution. Hier wird die Curry-Wurst mit selbst gemachter Sauce geadelt. Beim grünen Jäger 14, Tel. 43091925, www.imbiss-bei-schorsch.de

Bullerei

Zu Tim Mälzer wollen alle. Für Fleischliebhaber himmlisch, viel Szene. Reservieren! Lagerstr. 34 b, Tel. 40334421, www.bullerei.de

Vienna

Klar gibt's Schnitzel, aber das ist längst nicht alles. Winzig und begehrt ist dieser Laden, Reservierungen sind leider nicht möglich. Fettstr. 2, Tel. 4399182, www.vienna-hamburg.de

Erika's Eck

Frühstück ab Mitternacht? Die Öffnungszeiten (17–14 Uhr) sind so einzigartig wie die Ladeneinrichtung. Die ganze Nacht gibt es hier warmes Essen, und zwar in Riesenportionen. Sternstr. 98, Tel. 433545, www.erikas-eck.de

## Lokstedt

Lindner Park-Hotel Hagenbeck

Das erste Tierpark-Themen-Hotel der Welt lädt ein zu einer Expedition durch ferne Kontinente. Das Fernweh fördert hier vor allem der Einrichtungsstil – afrikanisch oder asiatisch. Geräusche aus dem Zoo verstärken das Gefühl, mittendrin zu sein. Hagenbeckstr. 150, Tel. 800808100, www.lindner.de

1

2

# Hamburg von A bis Z

**Anreise**

Mit dem Flugzeug

Der Hamburger Flughafen Fuhlsbüttel wird von 70 Fluggesellschaften angeflogen, mit 130 nationalen und internationalen Destinationen bestehen Direktverbindungen.
Airport Office, Airport Plaza, Ankunftsebene, Tel. 50750
Fluginformation Tel. 50750, www.airport.de
Die Anreise vom Flughafen mit öffentlichen Verkehrsmitteln in die Innenstadt ist durch die direkte S-Bahn-Anbindung S1 einfach, schnell und preiswert. Im 10-Minuten-Takt gelangt man in 25 Minuten ins Herz der Stadt. Der S-Bahnhof Hamburg Airport liegt direkt vor denTerminals und ist gut erreichbar über Aufzüge und Treppen.
Taxistände befinden sich vor Terminal 1 und 2. Eine Fahrt ins Zentrum dauert je nach Tageszeit mindestens 20 Minuten, Kosten ungefähr 27 Euro.

Mit der Bahn

Es stehen vier Fernbahnhöfe zur Verfügung: Hauptbahnhof, Dammtor, Altona und Harburg. Sie sind im Hamburger Verkehrsverbund (HVV) integriert. Hamburg ist im Stundentakt mit allen größeren Städten Mittel- und Nordeuropas verbunden.

Mit dem Bus

Busreisende kommen am Zentralen Omnibusbahnhof (ZOB) an, neben dem Hauptbahnhof, Adenauerallee 78, Tel. 247576, www.zob-hamburg.de
Es bestehen Verbindungen mit Metropolen in fast 30 anderen Ländern Europas. Innerdeutsche Strecken werden neuerdings vermehrt angeboten, der Liberalisierung sei Dank: Neun Unternehmen bieten inzwischen 15 Strecken von und nach Hamburg an – mit zwölf verschiedenen Zielorten in der Stadt. Den richtigen Bus findet man am besten übers Internet; praktisch ist die Suche über Vergleichsportale wie www.busliniensuche.de, www.fernbusse.de, www.reisebus24.de oder www.fahrtenfuchs.de

Mit dem Schiff

Am stilvollsten erreicht man Hamburg natürlich per Schiff, beispielsweise als Teilnehmer einer Kreuzfahrt. Angelegt wird dann am Hamburg Cruise Center, Großer Grasbrook, Tel. 30051393. www.hamburgcruisecenter.eu/de
Seeleute mit einem eigenen Boot steuern den Sportboothafen nahe der Landungsbrücken an oder machen in Wedel fest, dem größten Seglerhafen Norddeutschlands.

**Hamburg Card**

Ein unbedingtes Muss ist die Hamburg Card, erhält man durch sie doch interessante Vergünstigungen. So kann man damit die öffentlichen Verkehrsmittel im Großraum Hamburg benutzen und bekommt bis zu 40 % Rabatt bei rund 150 Hamburger Museen und weiteren Attraktionen wie Hagenbecks Tierpark, Hamburgs Dungeon, dem Miniatur Wunderland oder auch im Rathaus.
Alle Sightseeing-Touren, ob zu Land oder auf dem Wasser, werden durch die CARD günstiger. Sogar Theater, Restaurants und ausgewählte Vorstellungen der Musicals akzeptieren die CARD. Auf der Homepage der Hamburg Tourismus sind sämtliche Vergünstigungen im Detail aufgelistet. In allen Filialen der Tourist Information, in vielen Hotels und an Fahrkartenautomaten wird die CARD verkauft.
Es gibt sie für ein, drei oder fünf Tage und kostet für einen Erwachsenen (mit maximal drei Kindern unter 15 Jahren) 8,90 €, 20,50 € bzw. 35,90 €. Spezielle Preise für Gruppen, je nach Personanzahl: 13,90 €, 34,50 € bzw. 59,90 € .
Wer auch das Hamburger Umland, die Metropolregion, sehen will, ist mit der Hamburg CARD-plus region gut beraten.
Alle Infos: www.hamburg-tourismus.de, Tel. 30051300

**Information vor Ort**

Hamburg Tourismus

Steinstraße 7, 20095 Hamburg, Tel. 040/30051300, www.hamburg-tourismus.de. Versand von Broschüren, Zimmervermittlung, Kartenvorverkauf.

1 *Den besten Blick auf die Stadt hat man von der Lombardsbrücke. Mehr Hamburg geht nicht.* – 2 *Hamburgs Kunst lebt von Mäzenen. Die Kunsthalle zeigt große Kunst und Größe im Geben.* – 3 *Ja, wo laufen sie denn? Oder läuft sonst noch was beim Derby in Horn?*

Hamburg Tourismus bietet auch online buchbare Happy-Hamburg-Reisen in vielen Variationen, besonders Musical-Specials. Immer ist die Hamburg-Card dabei.
Tourist Information
Im Hauptbahnhof
Ausgang Kirchenallee,
Mo–Sa 8.00–22.00 Uhr,
So. 10.00–18.00 Uhr;
Am Hafen
St. Pauli Landungsbrücken,
zwischen Brücke 4 und 5,
tgl. 8.00–18.00 Uhr;
Im Flughafen
Terminal 1 und 2,
tgl. 6.00–23.00 Uhr

**Informationen im Internet**

www.hamburg.de
Die offizielle Homepage Hamburgs. Unschlagbares Angebot, alle Infos wählbar für Hamburger und Gäste. Aktuelles, Historisches, Kulinarisches, Kulturelles, Sportliches – diese Seite weiß, was wo und wann passiert.

www.ndr.de
Die Seite des Norddeutschen Rundfunks liefert unter anderem aktuelle Infos zu Hamburg. Der Slogan des Senders, »Das Beste am Norden!«, trifft auch im Internet den Nagel auf den Kopf.

www.thuerk.de/hamburg/lexikon
Amüsant und hilfreich: das Hamburgisch-Lexikon für »Quiddjes«, Zugereiste und alle anderen Interessierten

www.schiffsradar.de
Für Landratten und Hamburger gleichermaßen interessant: Diese Seite zeigt alle Schiffe im Hamburger Hafen und auf der Elbe. Ein Klick auf den Namen, und man erfährt alle Details zum Fahrzeug, ganz wie früher im Schiffs-Quartett.

www.fcstpauli.de
Kultpage und die offizielle Seite zum FC St. Pauli.

www.hamburger-sv.de
Die offizielle Page des Hamburger SV.

www.reeperbahn1230.de
Kurze Reportagen vom Kiez.

www.hafen-hamburg.de
Statistiken, News, Informationen zu Hafenrundfahrten.

www.friedhof-hamburg.de
Vorschläge für Spaziergänge etwa auf dem Ohlsdorfer Friedhof.

Thematische Webseiten
Gastronomie:
www.restaurants.hamburg.de,
www.hamburger-kaffeeklatsch.de

Kulturelles:
www.kulturkarte.de,
www.kultur-hamburg.de,
www.prinz.de

Live-Webcams
Hafen: www.livespotting.tv
Alster: www.alstercam.de

Stadtplan:
www.stadtplan.hamburg-tourism.de

Stadtviertel:
Dutzende von Links auf lokale Webseiten und Marktplätze finden sich unter www.hamburg-intern.de/Stadtteile

Tageszeitungen:
www.abendblatt.de,
www.mopo.de

Wetter:
www.wetteronline.de/Hamburg.html

**Lage und Bevölkerung**

Hamburg liegt auf 53°33’ nördlicher Breite und 9°58’ östlicher Länge.
Mit einer Fläche von 755 Quadratkilometern ist es siebenmal größer als Paris und zweieinhalbmal größer als London – zum Vergleich: Berlin umfasst 892 Quadratkilometer. Auch die Nordseeinseln Neuwerk und Scharhörn gehören zu Hamburg.
Die Bevölkerungsdichte beträgt 2344 Einwohner pro Quadratkilometer (Berlin: 3799).
Von den 1,8 Millionen Einwohnern der Stadt sind etwa 250 000 Ausländer, das sind fast 15 Prozent. Die Geburtenrate der Stadt liegt bei 1,2 Kinder pro Frau – in Gesamtdeutschland sind es 1,35 Kinder pro Frau.

1

2

# Hamburg von A bis Z

Hamburg ist stetig eine wachsende Stadt. Beinahe die Hälfte aller Hamburger Haushalte sind Singles. Mit 30 Quadratmetern Wohnfläche pro Person hat Hamburg die meiste durchschnittliche Wohnfläche aller Großstädte der Welt.

**Notdienst**

Ärztlicher Notfalldienst,
Tel. 228022
Zahnärztlicher Notfalldienst,
Tel. 01805050518
DRK Rettungsdienst,
Tel. 19222
Telefonseelsorge,
Tel. 08001110111

**Öffentliche Verkehrsmittel**

Der Hamburger Verkehrsverbund (HVV) umfasst im Großraum Hamburg ein Netz aus 27 Schnellbahnen und Hunderten von Buslinien, dazu fünf Fährlinien auf der Elbe.
Von Freitag auf Samstag sowie auf Sonn- und Feiertage verkehren die U- und S- Bahnen, die wichtigsten Stadt- und Metrobusse im Stadtgebiet durchgehend. Es gibt diverse Sparmodelle wie die Hamburg Card, den Power-Pass und die Metropol-Card. Infoline: 040/19449, www.hvv.de

**Schietwetter-Shopping**

Schlechtes Wetter gibt's nicht, nur schlechte Kleidung! Diese Läden machen sogar Wolkengüsse zu gutem Wetter.

Globetrotter
Für jedes Wetter in jeder Klimazone das Richtige! Wiesendamm 1, Tel. 291223, www.globetrotter.de

Donnerwetter
Hier tricksen Sie das schlechte Wetter aus. Schmuggelstieg 39, Tel. 5276533, www.regen bekleidung.de

Hanseplatte
Friesennerze mal ganz modisch. Kult-Wendejacken sind eine Rarität im Norden. Neuer Kamp 32, Tel. 28570193, www.hanseplatte.de

Schirm-Manufaktur
Carola Vertein ist Schirmmacherin in fünfter Generation – hier findet garantiert jeder seinen Regen-Liebling. Schirm & Co., Rosenstr. 6, Tel. 321994, www.schirm undco.de

**Stadtrundfahrten**

Per Schiff
Vom Jungfernstieg fahren die weißen Schiffe der Alster-Touristik etwa halbstündig zur Alsterkreuzfahrt mit neun Anlegestellen ab. Nach Belieben kann man die Fahrt unterbrechen. Schön sind auch die Kanalfahrten vom Jungfernstieg bis zum Stadtparksee mit herrlichen Blicken in die Gärten und Wohnzimmer der Hanseaten. Empfehlenswert ist eine Vierlandefahrt ins östliche Stadtvorland und nach Bergedorf. Auf der Alster fährt auch der älteste Dampfer, die »St. Georg«, und das modernste Schiff, ein Solar-Boot. Alster Touristik, Tel. 040/3574240, www.alstertouristik.de

Hamburg auf venezianische Art erkunden kann man mit La Gondola: Das Gefährt wird von einer Frau gesteuert, die ihr Handwerk in Venedig gelernt hat.
La Gondola,
www.gondel.de,
Tel. 4900934

Hafenrundfahrten werden von verschiedensten Anbietern organisiert, eine gute Übersicht gibt es auf www.hamburg.de

Anbieter für größere Touren, etwa zu besonderen Anlässen: Tel. 2194627, www.elbe-erlebnistoerns.de

Fleetfahrten sind was für Barkassen, die kommen überallhin.
Tel. 319916170, www.barkassen-centrale.de

Wer nach Helgoland oder Neuwerk will, fährt mit Schiffen der Reederei Cassen Eils. Tel. 180522861, www.helgolandreisen.de

Lohnt sich sehr: Eine Fahrt mit der HADAG-Linie 62 von Sandtorhöft oder den Landungsbrücken nach Finkenwerder und zurück. Das Schiff gehört zum öffentlichen Nahverkehr, ist also preiswert.

Per Bus
Die Rundfahrt mit einem Doppeldeckerbus, bei schönem

3

*1 Das Glück der Erde liegt auf dem Rücken der Pferde! Besonders, wenn man auf den Sieger gesetzt hat. – 2 Das Heck des Docklands ist ein beliebter Sonnenplatz. Gratis und jederzeit offen. – 3 Jäger und Sammler in ihrem Element, hier am Alten Schlachthof an der Feldstraße.*

Wetter in der Cabrio-Version, verschafft Überblick und Orientierung in der Stadt. Die Abfahrt am Hauptbahnhof oder an den Landungsbrücken erfolgt etwa jede halbe Stunde. Ein- und Ausstieg ist an mehreren Haltestellen unterwegs möglich.
Wird auch angeboten von den Roten Doppeldeckern oder traditionell von Hansa Rundfahrt. Besonders lohnend bei Letzteren: die Gala-Tour oder die Lichtertour, die bei Dunkelheit durch die prachtvoll illuminierte Speicherstadt und zur Hafenmeile führt.
www.die-roten-doppeldecker.de; Tel. 6413731,
www.hansa-rundfahrt.de

Beeindruckend ist außerdem die Gigantentour durch das Hafengelände in die Welt der Container-Terminals von Altenwerder.
Jasper, Tel. 040/22710610,
www.jasper.de

### Per Segway

Ganz anders erlebt man Hamburg auf den neuen Segway-Gefährten, die zunächst etwas Übung erfordern, um sich dann bitzschnell fortbewegen zu können.
Touren werden angeboten von www.hamburg.segway-city-tour.de, Großer Burstah 44, Tel. 47113300.

### Zu Fuß

Hamburg zu Fuß erleben und von Einheimischen auch mal einen Blick hinter die Kulissen gezeigt zu bekommen, ist sehr beliebt. Es gibt diverse Anbieter, die Dauer liegt bei eineinhalb bis zwei Stunden, die Kosten betragen 10 bis 30 Euro; teilweise ist eine Voranmeldung nötig:
Kurverwaltung St. Pauli e.V., Tel. 040/31790747,
www.kurverwaltungstpauli.de
Stattreisen e.V.,
Tel. 040/4303481,
www.stattreisen-hamburg.de
Spurensuchen,
Tel. 040/41281087,
www.spurensuchen.de

Stadtkultur. Der Hamburger Schauspieler Volker Roggenkamp nimmt Sie auf 14 verschiedene Spaziergänge mit, etwa als Nachtwächter durch die Speicherstadt oder auf Spaziergänge untermalt von Gedichten aus der Feder von Ringelnatz.
Tel. 040/366269,
www.hamburger-nacht waechter.de

K3 Stadtführungen bietet besondere Themenrundgänge, seien es die Beatles, die Kunst oder das Rotlicht – für alles gibt es eine Tour.
Tel. 22887299,
www.stadtfuehrungen-in-hamburg.de

## Politik und Verwaltung

Die Freie und Hansestadt Hamburg ist sowohl Großstadt als auch Bundesland. Erster Bürgermeister ist seit 2011 Olaf Schulz (SPD) Gemeinsam mit derzeit zehn Senatoren bildet er die Landesregierung, den Senat.
Die Abgeordneten der Bürgerschaft dürfen, einzigartig in Deutschland, einem regulären Hauptberuf nachgehen. Die Bürgerschaft wird deshalb auch »Feierabendparlament« genannt. Den 121 Abgeordneten gehört der linke Flügel des Rathauses, den rechten nimmt die Landesregierung ein. Sie trägt den Namen Senat, der Regierungschef ist der Erste Bürgermeister. Er bestimmt die Richtlinien der Politik, die Minister heißen in Hamburg Senatoren.
Der Senat vertritt die Freie und Hansestadt Hamburg gegenüber anderen Bundesländern, der Bundesregierung und anderen Staaten.
Das Gebiet der Freien und Hansestadt ist in sieben Bezirke eingeteilt: Altona, Bergedorf, Eimsbüttel, Hamburg-Mitte, Hamburg-Nord, Harburg und Wandsbek.
Zu ihnen gehören die 104 Stadtteile Hamburgs mit 181 Ortsteilen. Die meisten Bezirke haben weit über 200 000 Einwohner, Wandsbek sogar knapp 400 000, Bergedorf dagegen nur 100 000. Die Bezirksämter setzen die von Bürgerschaft und Senat beschlossene Politik in den Bezirken um.

# Register

## Orts- und Sachregister

1 *Open-Air-Vergnügen über dem Fleet an der Alten Post.* – 2 *Nicht zu erklären, aber Kult: die Strandperle in Övelgönne.* – 3 *Im Künstlerhaus Koppel zeigen Künstler neue Ideen in alten Handwerkstechniken.*



## Personenregister

# Impressum

**Unser komplettes Programm:**
**www.bruckmann.de**

**Die Autoren**
Michael Pasdzior, geboren 1951, gehört seit vielen Jahren zu den bekanntesten Fotografen in Hamburg. Seit 1980 arbeitet er als freier Fotograf. Beeinflusst wurde er dabei durch seine langjährige Arbeit beim Fernsehen, hier arbeitete er u.a. als Standfotograf. Seine Heimatstadt zählt selbstredend seit jeher zu seinen Lieblingsfotomodellen.

Christian Hauschildt, geboren 1949 in der Nähe von Kiel, lebt schon seit 40 Jahren in Hamburg. Dennoch hat er sich für diesen Bildband noch einmal ganz gezielt aufgemacht, um Hamburg neu zu entdecken, und schildert die Stadt nun in all ihren Facetten.

**Bildnachweis**
Alle Bilder des Innenteils und des Umschlags stammen von Michael Pasdzior, außer:
Bildagentur Huber, Garmisch-Partenkirchen: S. 109 o. (Borchi, M.), 8/9, 14/15, 38/39, 52/53, 56/57, 86/87, 100/101, 123 o., 124 u. (Gräfenhain), 12/13 (Huber H.), 40, 130/131 (Lubenow, S.);
GlowImages, München: S. 128 u. (Leuzinger, C.), 119 (Zegers, M.);
mauritius images, Mittenwald: S. 21 (Kramer, N.);
Panther Media, www.panther-media.com: S. 112, 120, 142 u. (Bautsch, C.), 48 u. (Enders, B.), 67 (Jetzkowitz, M.), 90 o. (Glatz, J.), 16/17 (Knol, I.), 134 (Laws, S.), 41 o. (Nacke, E.), 90 u. (Nieder, T.), 5 (Niedermayer, K.), 36 u. (Rübcke, J.), 62 M. (Siggelkow, J.);
Picture Alliance, Frankfurt a.M.: S. 42/43 (Bäsemann, H.); 123 u. (Dorfmüller/Kröger), 129 u.l. (Dumont Bildarchiv), 133 o. (Hoch Zwei);
Shutterstock, www.shutterstock.com: S. 18/19 (Mandel, R.), 6/7 (Mapics), 94 o. (Medom Madsen, C.), 124 u. (Seemann, A.)

**Umschlag**
Vorderseite: Auslaufparade des Transatlantikliners »Queen Mary 2« aus dem Hamburger Hafen
Rückseite: Den besten Blick auf die Stadt hat man von der Lombardsbrücke.

S. 2/3: Blaue Stunde an der Fischauktionshalle.
S. 5: Auch die Möwen lassen sich gerne die Seeluft im Hafen um den Schnabel wehen.
S. 6/7: Hamburg, wie es leibt und lebt – die Landungsbrücken bei Nacht.
S. 8/9: Die Backsteinhäuser in der Speicherstadt sind weltberühmt.
S. 158/159: Frühling im Hamburger Stadtteil Ottensen.

Alle Angaben dieses Werkes wurden vom Autor sorgfältig recherchiert und auf den aktuellen Stand gebracht sowie vom Verlag geprüft. Für die Richtigkeit der Angaben kann jedoch keine Haftung übernommen werden.
Für Hinweise und Anregungen sind wir jederzeit dankbar. Bitte richten Sie diese an:
Bruckmann Verlag
Postfach 40 02 09
D-80702 München
E-Mail:
lektorat@bruckmann.de

Verantwortlich:
Stephanie Iber
Korrektorat: Anke Höhne, München
Layout: graphitecture book & edition, Fabienne Lutz, Rosenheim
Kartografie: Astrid Fischer-Leitl, München
Repro: Repro Ludwig, Zell am See
Herstellung: Bettina Schippel
Printed in Slovenia by Florjancic

Die Deutsche Nationalbibliothek verzeichnet diese Publikation in der Deutschen Nationalbibliografie; detaillierte bibliografische Daten sind uber http://dnb.d-nb.de abrufbar.

Die Originalausgabe erschien 2007 unter dem Titel »Hamburg« im Bruckmann Verlag.

Vollständig aktualisierte und überarbeitete Ausgabe

ISBN 978-3-7654-6183-5